高等职业教育经济管理基础课系列

经济管理基础

赵 扬 焦世奇 赵 琪 主编

闫 铭 苗竹青 副主编

电子工业出版社
Publishing House of Electronics Industry
北京·BEIJING

内 容 简 介

本书共九章，第一章阐述了经济学的十大原理；第二章到第四章分别论述、讨论了经济学的基本问题，即生产什么和生产多少、怎样生产、为谁生产、谁来决策的问题；第五章阐述了古典管理理论与现代管理理论的产生与发展；第六章到第九章叙述了现代管理的计划与控制、组织、领导、激励与沟通，以及相应的理论与方法。

未经许可，不得以任何方式复制或抄袭本书之部分或全部内容。
版权所有，侵权必究。

图书在版编目（CIP）数据

经济管理基础 / 赵扬，焦世奇，赵琪主编. —北京：电子工业出版社，2020.5

ISBN 978-7-121-38891-0

Ⅰ. ①经… Ⅱ. ①赵… ②焦… ③赵… Ⅲ. ①经济管理－高等学校－教材 Ⅳ. ①F2

中国版本图书馆 CIP 数据核字（2020）第 052754 号

责任编辑：贾瑞敏　　　　特约编辑：田学清
印　　刷：北京七彩京通数码快印有限公司
装　　订：北京七彩京通数码快印有限公司
出版发行：电子工业出版社
　　　　　北京市海淀区万寿路 173 信箱　　邮编：100036
开　　本：720×1000　1/16　　印张：11　　字数：186 千字
版　　次：2020 年 5 月第 1 版
印　　次：2025 年 8 月第 11 次印刷
定　　价：38.00 元

凡所购买电子工业出版社图书有缺损问题，请向购买书店调换。若书店售缺，请与本社发行部联系，联系及邮购电话：(010) 88254888，88258888。
质量投诉请发邮件至 zlts@phei.com.cn，盗版侵权举报请发邮件至 dbqq@phei.com.cn。
本书咨询联系方式：(010) 88254019，jrm@phei.com.cn。

前　言

《经济管理基础》是高职院校经济管理类专业的必修基础课程。本教材融经济学、管理学知识于一体，对经济学的基本理论和管理学的核心内容进行了重点介绍。本教材着眼于概念描述，采用简单易懂的方式讲解了经济管理的核心知识，以培养学生的经济管理知识素养。

本教材在编写过程中，力求体现以下特色。（1）根据高职院校教育人才培养的目标要求，将经济学基础和管理学基础的理论知识融为一体，实现课程重组。（2）在传授经济管理基础知识的同时，注重培养学生科学管理的思维方法和创新精神。（3）本教材通过新闻透视、实例分析等内容，增加了学生的参与环节，以达到互动教学的目的。通过有目的、有步骤地实践训练，帮助学生巩固所学知识，培养学生的实际应用能力。（4）本教材的编写力求体现教学改革的思路与要求。每一章都附有课外习题，以便学生复习所学内容，同时培养学生运用理论知识进行实践与训练的能力。

本教材由扬州工业职业技术学院的赵扬、焦世奇、赵琪老师任主编。其中，赵扬负责拟定大纲并对全书的内容进行修改和补充，同时重点编写了第一章到第五章；焦世奇重点编写了第六章和第七章；赵琪重点编写了第八章和第九章。同时，闫铭、苗竹青老师也参与了编写工作。

本教材由扬州工业职业技术学院的赵扬、焦世奇、赵琪老师任主编。其中，赵扬负责拟定大纲并对全书的内容进行修改和补充，同时重点编写了第一章到第五章；焦世奇重点编写了第六章和第七章；赵琪重点编写了第八章和第九章。同时，闫铭、苗竹青老师也参与了编写工作。另外，本书配有电子课件及参考答案，读者可登录华信教育资源网（www.hxedu.com.cn）免费下载。

在本教材的编写过程中，编者参考了大量关于经济管理的文献资料，在此对各位专家学者表示感谢。由于编者能力有限，不足之处在所难免，敬请读者批评指正。

目 录

第一章 经济学十大原理 1
- 第一节 人们如何做出决策 2
- 第二节 人们如何相互影响 6
- 第三节 整体经济如何运行 10

第二章 需求与供给 17
- 第一节 市场与竞争 18
- 第二节 需求 20
- 第三节 供给 25
- 第四节 需求与供给的结合 29

第三章 消费者剩余、生产者剩余与市场效率 41
- 第一节 消费者剩余 42
- 第二节 生产者剩余 48
- 第三节 市场效率 54

第四章 国内生产总值 60
- 第一节 经济的收入与支出 61
- 第二节 GDP 的定义 63
- 第三节 GDP 的组成部分 66
- 第四节 GDP 是衡量经济福利的良好指标吗 69

第五章 管理理论 76

第一节 古典管理理论的产生与发展 77
第二节 现代管理理论的产生与发展 86

第六章 计划与控制 92

第一节 计划 92
第二节 控制 100

第七章 组织 108

第一节 组织概述 108
第二节 组织结构的模式 111
第三节 组织变革 116

第八章 领导 127

第一节 领导概述 127
第二节 领导理论 131

第九章 激励与沟通 142

第一节 激励概述 143
第二节 有效激励 145
第三节 沟通概述 153
第四节 有效沟通 157

参考文献 168

第一章
经济学十大原理

【教学目标】

1. 知悉经济学是一门研究资源优化配置的学科。
2. 初步了解经济学十大原理。

经济这个词来源于希腊语 oikonomos，它的意思是"管理一个家庭的人"。乍一看，这个来源似乎有些奇怪。但事实上，家庭和经济有着许多相似之处。

一个家庭面临着许多决策。它必须决定每个成员分别去做什么，以及每个成员能得到什么回报：谁做晚饭？谁洗衣服？谁来开车？谁在晚餐时多得到一块甜点？简而言之，家庭必须考虑到每个成员的能力、努力和愿望，以在其成员中分配稀缺资源。

和一个家庭一样，一个社会也面临着许多决策。社会必须找到某种方法决定将要做哪些工作及由谁来做这些工作。社会需要一些人种粮食，一些人做衣服，还有一些人开发电脑。一旦社会分配了人们去做某种工作，它就必然需要将人们生产的物品与服务也进行分配。社会必须决定谁将吃鱼子酱而谁将吃土豆，它也必须决定谁将开法拉利跑车而谁将坐公共汽车。

由于资源的稀缺，对社会资源的管理就显得尤为重要。稀缺性是指社会拥有的资源是有限的，因此人们希望拥有的所有物品和服务并不能全部生产出来，正如每个成员都不可能得到自己想要的每一件东西一样。

经济学研究的是社会如何管理自己的稀缺资源。在大多数情况下，稀缺资源并不是由一个全权的独裁者来配置的，而是通过千百万个家庭和企业的共同选择来配置的。因此，经济学家研究人们如何做出决策：他们做多少工作、购买什么、储蓄多少，以及如何把储蓄用于投资。经济学家还研究人们如何相互影响。例如，经济学家考察一种物品的众多买者和卖者如何共同决定该物品的销售价格和销售量。另外，经济学家还研究影响整个经济的力量和经济的发展趋势，包括人们平均收入的增长、找不到工作的人口占总人口的比例，以及物品价格上升的速度等。

经济学有两个分支：微观经济学和宏观经济学。微观经济学研究的是家庭和企业如何做出决策，以及它们如何在市场上相互影响。宏观经济学研究的是整体的经济现象，包括通货膨胀、失业和经济增长。

经济学研究的内容是多方面的，但可以用几个原理把这个领域统一起来。在本章中，我们将阐述经济学的十大原理。

第一节　人们如何做出决策

由于一个经济的行为反映了组成这个经济的人们的行为，所以我们的经济学原理就从人们做出决策的 4 个原理开始。

一、原理一：人们面临权衡取舍

你可能听过这句话："鱼与熊掌不可兼得。"这句话包含了一种道理：为了得到一件喜爱的东西，我们通常不得不放弃另一件喜爱的东西。做出决策就是要求我们在一个目标与另一个目标之间进行权衡取舍。

我们可以考虑一个学生决定如何分配其宝贵资源——时间。他可以把所有的时间用于学习经济学，也可以把所有的时间用于学习物理学，或者把时间在这两个学科之间进行分配。相对于他用于学习经济学的时间，他就要放弃本来可用于学习物理学的相同时间。而且，相对于他用于学习功课的时间，他就要放弃本来可用于睡眠、打游戏、看电视或做兼职的时间。

我们还可以考虑一个家庭的父母决定如何分配他们的家庭收入。他们可以购买食物、衣服，或者用于度假。他们也可以为自己退休或孩子的教育储蓄一部分收入。当他们选择把一部分钱用于上述用途中的一种时，他们在其他用途上就要少花钱。

当人们组成国家或社会时，同样会面临各种不同的权衡取舍。经典的权衡取舍是在"大炮与黄油"之间。当一个国家的支出更多地用于保卫其海岸线免受外国入侵的国防（大炮）时，其用于提高国内生活水平的消费品（黄油）的支出就少了。在现代社会中，同样重要的是在保护环境和高收入水平之间的权衡取舍。要求企业减少污染的法律增加了企业生产物品与服务的成本。而生产成本的提高，则会直接导致企业的利润下降，进而导致工人的工资降低，物品与服务的价格升高，或者是这三种结果的某种结合。因此，尽管污染管制所带来的好处是更清洁的环境，以及由此带来的人们健康水平的提高，但其代价是企业利润和工人收入的减少，以及消费者支出的增多。

社会面临的另一种权衡取舍是在效率和平等之间。效率是指社会能从其稀缺资源中得到的利益。平等是指将这些利益平均地分配给社会成员。换句话说，效率是指经济蛋糕的大小，而平等则是指如何分割这块蛋糕。在设计公共政策的时候，这两个目标往往是不一致的。以实现平等分配经济福利的公共政策为例，其中的某些公共政策，如福利制度或失业保险，是要帮助那些需要帮助的社会成员，而另一些公共政策，如个人所得税，是要求经济上的成功人士给予政府比其他人更多的支持。虽然这些公共政策实现了更大程度上的平等，但同时它们也降低了效率。当政府把高收入人群的收入分配给低收入人群时，就减少了对辛勤工作的人的奖励，可能会导致人们的工作减少，生产的物品与服务也会随之减少。换句话说，当政府想要把经济蛋糕切为更为均等的小块时，这块蛋糕本身也变小了。

认识到人们面临权衡取舍本身并没有告诉我们人们将会或应该做出什么决策。正如一个学生是否应该仅仅因为要增加用于学习经济学的时间而减少或放弃物理学的学习，社会是否应该仅仅因为污染管制降低了我们的物质生活水平而不再保护环境，以及政府是否应该仅仅因为帮助低收入人群扭曲了工作激励而对低收入人群弃之不顾，人们只有真正了解了他们所面临的选择后，才有可能做出更好的决策。

二、原理二：某些东西的成本是为了得到它所放弃的东西

由于人们面临着权衡取舍，所以做决策时就需要比较可供选择的行动方案的成本与收益。但在许多情况下，某种行动的成本并不是足够清晰的。

在考虑是否上大学的决策时要考虑到其主要的收益是丰富了自己的知识储备且拥有了更好的工作机会。但其成本是什么呢？你可能会想把自己的学费、书费、住宿费和伙食费都加总起来。但这种总和并不真正代表你上一年大学所放弃的东西。

这种计算存在两个问题。第一个问题是，它计算在内的这些成本并不是上大学的真正成本。即使你离开了大学，你也需要有睡觉的地方，也要吃饭。只有上大学的住宿费和伙食费比不上大学的住宿费与伙食费高时，高出的这一部分才是上大学的成本。第二个问题是，它忽略了上大学最大的成本——时间。当你把一年的时间用于听课、读书和写论文时，你就不能把这段时间用于工作。对大多数学生而言，为上大学而不得不放弃的收入是他们受教育所产生的较大的单项成本。

一种东西的机会成本是为了得到这种东西所放弃的东西。因此，当做出任何一项决策时，决策者都应该认识到每一种可能的行动所带来的机会成本。例如，大学里的运动员如果退学转而从事职业运动，就能每年获得收入。他们中的一部分人认为上大学的机会成本较高，所以他们决定放弃花费这种成本来获得上大学的机会。

三、原理三：理性人考虑边际量

经济学家通常假设，人是理性的。在可用的机会为既定的条件下，理性人系统而有目的地尽最大努力去实现其目标。当你学习经济学时，你会遇到一些企业，为实现利润最大化，它们要决定雇用多少工人、制造并出售多少产品；你也会遇到一些人，他们要决定把多少时间用于工作，并用赚到的钱购买多少物品和服务，以获得最大可能的满足。

理性人知道，生活中的许多决策很少是非黑即白的选择，往往是介于其间的灰色地带。例如，当到了吃午饭的时间，你面临的决策不是在完全不吃和大吃一顿之间的选择，而是是否再多吃一块肉。当考试临近时，你面临的决策不是在放弃考试和一天学习 24 小时之间的选择，而是是否多花 1 小时的时间来复习功课。经济学家用边际变动这个术语来描述对现有行动计划的微小增量的调整。"边际"指"边缘"，因此边际变动是围绕你所做事情的边缘的调整。理性人通常通过比较边际收益与边际成本来做出决策。

例如，假设一架有 200 个座位的飞机在国内飞行一次，航空公司的成本是 50 万元。在这种情况下，每个座位的平均成本是 2500 元。人们很容易就此得出结论：航空公司的票价不应该低于 2500 元。而事实上，一个理性的航空公司往往会通过考虑边际量而设法增加利润。设想一架飞机即将起飞时仍有 10 个空位，而有乘客愿意支付 1000 元买一张票。航空公司应该把票卖给他吗？当然应该。如果飞机上有空位，多增加一位乘客的成本就是微不足道的。虽然每位乘客飞行的平均成本是 2500 元，但边际成本仅仅是这位额外乘客将消费的一包花生米和一罐软饮料的钱。只要乘客支付的钱大于边际成本，卖给他机票就是有利可图的。

边际决策还有利于解释另外一些令人困惑的经济现象。这里有一个经典问题：为什么水那么便宜，而钻石那么昂贵？人需要水来维持生存，而钻石并不是不可或缺的，但由于某些原因，人们愿意为钻石支付的钱要远远多于水。原因是一个人对任何一种物品的支付意愿都基于其每增加一单位该物品所获得的边际收益。反过来，边际收益又取决于一个人已经拥有多少这种物品。水是不可缺少的，但增加一杯水的边际收益微不足道，因为人已经拥有很多水了。与此相反，并没有一个人需要用钻石来维持生存，但由于钻石的数量很少，人们认为额外增加一颗钻石的边际收益是很大的。

当且仅当一种行为的边际收益大于边际成本时，理性人才会采取这种行为。这个原理可以解释航空公司为什么愿意以低于平均成本的价格将票卖出，以及人们为什么愿意为钻石支付比水多的钱。

四、原理四：人们会对激励做出反应

激励是引起一个人做出某种行为的某种东西（如惩罚或奖励的预期）。由于理性人通过比较成本与利益做出决策，所以他们会对激励做出反应。在经济学研究中，激励起着中心作用。

在分析市场如何运行时，激励是至关重要的。例如，当苹果的价格上涨时，人们会决定少吃苹果。同时，苹果园的园主决定种植更多的苹果树。换言之，市场上产品的高价格提供了买者少消费和卖者多生产的激励。因此，价格对消费者和生产者行为的影响对于市场经济如何配置稀缺资源是至关重要的。

政府决策者决不能忘记激励，因为许多政策改变了人们面临的成本和收益，从而也会改变人们的行为。例如，燃油税激励人们开小型节油汽车。欧洲开小型节油汽车的人比美国多，原因之一就是欧洲的燃油税比美国的高。较高的燃油税还激励人们拼车或乘坐公共交通工具，并激励人们选择离自己住所近的地方工作。燃油税越高，就会有越多的人不驾驶汽油车；如果燃油税足够高，人们可能就会放弃驾驶汽油车，选择驾驶电动汽车。

第二节　人们如何相互影响

前4个原理讨论了人们如何做出决策。在人生旅途中，许多决策不仅会影响自己，还会影响其他人。以下3个原理主要是讨论人们如何相互影响的。

一、原理五：贸易可以使每个人的状况都变得更好

也许你听到过在世界经济中我国是美国的竞争对手这种说法。这从某个角度来说是正确的，因为我国企业和美国企业生产的产品很多是相同的。我国企业和美国企业在服装、玩具、太阳能电池板、汽车轮胎和许多其他物品的市场上都需要争夺同样的顾客。

但是，我国和美国之间的贸易并不像体育比赛一样，一方赢而另一方就得输。实际上，事实正好相反——两国之间的贸易可以使两个国家的状况都变得更好。

为了说明其中的原因，我们可以先思考贸易是如何影响一个普通家庭的。当一个家庭的某个成员找工作时，他要与也在找工作的其他家庭的成员竞争。各个家庭在购物时也会相互竞争，因为每个家庭都想以更低的价格购买更好的商品。从某种意义上说，在经济中，每个家庭都在与其他家庭相竞争。

尽管存在这种竞争，但把你的家庭与其他家庭隔绝开来并不会使你的家庭过得更好。如果真的隔绝开来的话，你的家庭就必须自己耕种、自己做衣服、自己盖房子。显然，你的家庭在与其他家庭的贸易中是受益良多的。贸易使每个家庭都可以专门从事自己擅长的活动，无论是耕种、做衣服还是盖房子。通过与其他家庭的贸易，你的家庭可以以较低的成本获得各种各样的物品与服务。

国家和家庭一样，也能从相互贸易中获益。贸易使各国可以专门从事自己擅长的活动，并享有多种物品与服务。我国和世界上其他国家一样，在世界经济中既是美国的竞争对手，又是美国的贸易伙伴。

二、原理六：市场通常是组织经济活动的一种好方法

东欧剧变和苏联解体是 20 世纪世界上重大的变化之一。实行高度集中的

计划经济体制的国家运行的前提是，政府官员能够最佳地配置经济中的稀缺资源，他们决定生产什么物品与服务、生产多少，以及谁生产和消费这些物品与服务。支撑这些的理论是，只有政府才能以促进整个社会经济福利的方式组织经济活动。

大部分曾经实行高度集中的计划经济体制的国家已经放弃了这种制度，代之以发展市场经济。在市场经济中，企业决定雇用谁和生产什么，家庭成员决定为哪家企业工作，以及用自己的收入购买什么。这些企业和家庭在市场上相互交易，价格和利己引导着他们做出决策。

从表面上看，市场经济的成功是一个谜。毕竟，在市场经济中，很少有人追求的是整个社会的经济福利。自由市场包括大量物品与服务的许多买者与卖者，而他们主要关心的是自己的福利。尽管市场中存在的是分散的决策者和利己的决策者，但事实已经证明，市场经济在以一种促进总体经济福利的方式组织经济活动，并且非常成功。

经济学家亚当·斯密在其 1776 年出版的著作《国民财富的性质和原因的研究》中提出了经济学中著名的观察结果：家庭和企业在市场上相互交易，他们仿佛被一只"看不见的手"所指引，并得到了合意的市场结果。

通过学习经济学你会知道，价格就是"看不见的手"，用来指引经济活动的工具。在任何一个市场上，当买者决定需要多少物品时，他们盯着价格；当卖者决定供给多少物品时，他们也盯着价格。价格既反映了一种物品的社会价值，也反映了生产该物品的社会成本。亚当·斯密的重要洞察是，价格会自动调整，指引这些买者和卖者达到某种结果，该结果在大多数情况下会实现整个社会福利的最大化。

三、原理七：政府有时可以改善市场结果

如果市场这只"看不见的手"作用如此之大，那为什么还需要政府呢？需要政府的原因之一：只有在政府实施规则并维持对市场经济重要的制度时，"看不见的手"才能更好地发挥其作用。更重要的是，市场经济需要实施产权制度，

以便个人可以拥有和控制稀缺资源。例如，如果一个农民预见他的庄稼会被偷走，他就不会种庄稼；除非确保顾客在离开前会付费，否则餐馆就不会提供食物。

我们需要政府的另一个原因："看不见的手"虽然是强有力的，但并不是无所不能的。政府干预经济并改变人们选择的资源配置的做法有两种：促进效率和促进平等。也就是说，大多数政策的目标要么是把经济蛋糕做大，要么是改变这个蛋糕的分割方式。

先来考虑效率目标。尽管"看不见的手"通常会使市场有效地配置资源，以使经济蛋糕最大化，但情况并不总是这样的。经济学家用市场失灵这个术语来描述市场本身不能有效配置资源的情况。市场失灵的一个可能原因是外部性，它是指一个人的行为对旁观者的福利产生的影响。外部性的典型例子是污染。例如，当一种产品的生产污染了空气并引起住在工厂附近的人们的健康问题时，市场本身并不能将这种成本考虑在内。市场失灵的另一个可能原因是市场势力，它是指单个经济活动者（或某个经济活动小群体）对市场价格有显著影响的能力。例如，假设一个小镇里的每个人都需要水，但只有一口井，那么这口井的所有者就不会受到残酷竞争的限制，而通常情况下，"看不见的手"正是以这种竞争来约束个人的利己行为的。在存在外部性或市场势力的情况下，只有设计良好的公共政策才能更好地提高经济效率。

现在来考虑平等目标。即使"看不见的手"带来了有效率的产出，但它也并不能消除经济福利上巨大的不对称。市场经济根据人们生产其他人愿意购买的东西的能力来给予其报酬。例如，优秀的篮球运动员赚的钱比优秀的棋手赚的钱多，就是因为人们愿意为看篮球比赛付出比看国际象棋比赛更多的钱。"看不见的手"并没有保证每个人都有充足的食物、体面的衣服和充分的医疗保险。根据某种政治哲学，这种不平等是需要政府进行干预的。实际上，许多公共政策，如个人所得税和福利制度等的目标都是实现更平等的经济福利分配。

政府有时确实可以改善市场结果，但这并不意味着它总会这样。公共政策是由不完善的政治程序制定的，如有时公共政策是由动机良好但信息不充分的领导人制定的。在学习了经济学以后，你就能更好地判断一项公共政策是否正确。

第三节　整体经济如何运行

我们从讨论人们如何做出决策开始，然后讨论人们是如何相互影响的，所有这些决策和相互影响共同组成了"经济"。最后3个原理主要讨论整体经济的运行。

一、原理八：一国的生活水平取决于它生产物品与服务的能力

世界各国人民的生活水平千差万别。在2011年，美国的人均收入约为48000美元。同年，墨西哥的人均收入约为9000美元，而尼日利亚的人均收入只有约1200美元。这种人均收入的巨大差异反映在生活质量的各种衡量指标上。高收入国家的公民比低收入国家的公民拥有更多的电视机、更多的汽车、更好的营养、更好的医疗保健，以及更长的预期寿命。

随着时间的推移，同一国家的人们的生活水平的变化也是巨大的。在美国，从历史上看，人均收入每年增长2%左右（根据生活费用变动进行调整之后的数据）。按这个增长率，人均收入约35年翻一番。在过去的一个世纪中，美国的人均收入增长了8倍左右。

用什么来解释同一时期不同国家之间和不同时期同一国家的人们的生活水平的巨大差异呢？答案非常简单。几乎所有生活水平的差别都可以归因于各国生产率的差别——在单位时间内每一单位劳动投入所生产的合格的物品与服务数量的差别。在那些生产率较高的国家，大多数人享有高水平的生活；在那些生产率较低的国家，大多数人必须忍受贫困的生活。同样，一国生产率的增长率决定了它的平均收入的增长率。

生产率和生活水平之间的关系很简单，但它的意义却很深远。例如，一些评论家声称，20世纪70至80年代美国收入增长放缓是由于其与日本和其他国家日益激烈的竞争。但真正的原因不是与其他国家的竞争，而是美国生产率增

长的放缓。

生产率和生活水平之间的关系对公共政策也有深远的意义。在考虑一项政策是如何影响生活水平时，主要考虑这项政策是如何影响我们生产物品与服务的能力的。为了提高人们的生活水平，国家需要通过让工人受到良好的教育、拥有生产物品与服务需要的工具及获得更好的技术来提高生产率。

二、原理九：当政府发行了过多的货币时，物价上升

1921年1月，德国一份日报的价格为0.3马克。不到两年之后，也就是1922年11月，一份同样的报纸的价格为7000万马克。其他物品的价格也都以类似的程度上涨。这是历史上令人震惊的通货膨胀的例子。通货膨胀是指经济中物价总水平持续性上升。

虽然美国从未经历过类似于德国20世纪20年代的情况，但通货膨胀有时也成为它的一个经济问题。例如，20世纪70年代，物价总水平翻了一番，当时的杰拉尔德·福特总统称通货膨胀是"公众的头号敌人"。与此相比，在2000—2010年，通货膨胀率平均每年为2.5%。因为高通货膨胀会让社会付出各种成本，所以世界各国的经济政策制定者都把保持低通货膨胀水平作为目标之一。

是什么引起了通货膨胀？在大多数情况下，严重或持续的通货膨胀的罪魁祸首是货币量的增长。当一国政府发行了大量的本国货币时，货币的价值就下降了。在20世纪20年代初的德国，当物价平均每月上升3倍时，货币量每月也增加了3倍。美国的情况虽然没有那么严重，但从美国的经济史中也可以得出类似的结论：20世纪70年代的高通货膨胀与货币量的迅速增长是相关的，而近年来经历的低通货膨胀与货币量的缓慢增长也是相关的。

三、原理十：社会面临通货膨胀与失业之间的短期权衡取舍

长期的物价水平上升主要是货币量增加的结果，而短期的物价水平的上升，原因就显得更为复杂且更具争议性。大多数经济学家是这样描述货币注入的短

期效应的。

（1）货币量的增加刺激了社会的整体支出水平，从而增加了人们对物品与服务的需求。

（2）随着时间的推移，需求的增加会使企业提高物价，但同时，它也鼓励企业雇用更多的工人，以生产更多的物品与服务。

（3）雇用更多的工人意味着更少的失业。

上述推理过程得出一种结论，即在整个经济范围内的最终的权衡取舍：通货膨胀与失业之间的短期权衡取舍。

尽管一些经济学家对这些观点仍然有疑问，但大多数经济学家承认，社会面临通货膨胀与失业之间的短期权衡取舍。这就意味着，在一两年的时期内，许多经济政策朝相反的方向推动通货膨胀水平与失业情况。无论通货膨胀和失业是从高水平开始（如20世纪80年代初的情况）、从低水平开始（如20世纪90年代后期的情况），还是从这两者之间的某个水平开始，决策者都面临着这种权衡取舍。这种短期的权衡取舍关系在分析经济周期时起着关键作用。经济周期是用生产的物品与服务量或雇用的人数来衡量的，是指就业和生产等经济活动的波动，这种波动在很大程度上是无规律的、无法预测的。

决策者在运用各种经济政策工具时可以利用通货膨胀和失业之间的这种短期权衡取舍关系。决策者可以通过改变政府支出量、税收量和发行的货币量来影响物品与服务的总需求量。需求的变动反过来又影响经济在短期中所经历的通货膨胀和失业的组合。这些经济政策工具具有很大的潜在力量，因此决策者应该如何运用这些工具一直是一个备受争议的问题。

这种争议在美国奥巴马总统任期的最初几年又激化了。在2008年和2009年，美国和世界上其他许多国家的经济都经历了严重的衰退。由住房市场的不良拖欠引起的金融体系的问题扩散到经济的其他部分，从而引起了收入下降和失业激增。决策者的反应是以各种方式增加物品与服务的总需求。奥巴马采取的首要措施是出合并实施包含减税和增加政府支出的一揽子刺激计划。同时，美国的中央银行美联储也增加了货币供给。这些政策的目标是减少失业。但是，一些人担心，随着时间的推移，这些政策也会引起过高的通货膨胀水平。

新闻透视

俞敏洪谈家乡：回家乡养老几乎变成了不可能

"回家乡养老几乎是不可能的了，因为那个环境已经不适合我回乡养老了。"在位于中关村新东方办公楼顶层的一间狭小的会议室里，俞敏洪回忆起自己的家乡时这样说道。江苏省南部地区自古是富庶地，也是中国最早实现工业化的地区，但这里也最早品尝到了无序工业化带来的苦果：村里的几条河沟，曾经是俞敏洪的天然泳池，但如今，这里的河水已经不适合游泳了。俞敏洪的父亲去世后，他把母亲接到北京一起生活，除了每年回到家乡在父亲坟头前倒上一瓶酒，俞敏洪已经很少再回家乡了。

千里之外的家乡，如会议室窗外一样，开始被一个叫作"城市"的怪物所吞噬，先是20世纪80年代的小钢铁厂，让这个鱼米之乡踏上了城市化的道路。接着河里的鱼儿逐渐减少，河沟也不复往日的生机和清澈。后来，大树一棵棵被砍掉，村里白墙黑瓦的江南民居，被白瓷砖、蓝玻璃的水泥楼房替代。土地也越来越紧张，就连过去的祖坟也渐渐被现代化的公墓所替代，密密麻麻挤着一排排墓碑。俞敏洪的父亲就葬在那里。

俞敏洪的家乡有两个，一个是他十四岁之前的乐土，"到处都是古树，一望无际的竹林，远处小山茂林修竹，我们有时间就爬到山顶看长江，因为那个山离长江很近，现在全没了"。另一个故乡，则是眼下这块迅速被工业化、城镇化所改变的土地。这里有着中国常见的城乡接合部的模样，楼房林立，水泥路纵横交错，其中的老树不过十年光景。

村里原来有座七八十米高的山岗，爬到顶上，可以眺望远处的长江，浩浩荡荡。改革开放以后，当地的石头销路好，人们就近取材，于是曾经在村里存在了几千年的山岗，从此彻底消失。

俞敏洪失去的不只是一个小山岗，一个眺望长江的角度，而是其家乡已经彻底被近几十年轰隆而过的工业化、城市化所湮灭。曾经的故乡，如今只剩下一些七零八落的小碎片。

（资料来源：丁蕊，中国企业家，2014年2月11日）

【关联理论】

市场失灵的原因之一：经济外部性——它是指一个人的行为对旁观者福利的影响，包括正外部性与负外部性。环境污染是负外部性，一个人或企业的行为对周围的生态环境造成了损害，影响了人们的福利，而这个人或企业并不对这种损害承担责任或成本。

【新闻评价】

俞敏洪不可能回家乡养老的原因是他的家乡在工业化和城镇化进程中产生了负外部性——生态环境遭到了破坏。原来的环境优美、安静恬逸的农村被工业化和城镇化所破坏，茂林修竹毁了，小河的水黑了。这正是市场失灵的表现之一，也就是市场不能解决经济活动的外部性。

外部性是指当一个人或企业从事某种活动时，对旁观者产生了影响，而此人或企业对这种影响既不用支付费用，也得不到报酬。我国工业化和城镇化的过程中存在着大量的这种外部性的问题，环境污染就是其中之一。工业企业生产时必然会有大量"三废"排放，而这些企业并不对这种排放负责或付出代价，导致这种排放无所节制，日益增加，最终造成对环境的严重污染。由于市场机制不能解决环境污染这种负外部性问题，结果是许多农村随着工业化的推进，环境污染日益严重。经济负外部性问题的解决需要借助"政府之手"，可以由政府制定环境保护的政策和法律，如设立环境税，做出排放指标的交易制度安排，将这种环境污染所造成的社会成本强制性地让企业负担，将这种负外部性内在化，约束企业"三废"的排放，令其自觉地进行技术改造以减少"三废"排放，或改变生产工艺，采取多种环境保护措施等。

课外习题

一、术语解释

1. 稀缺性

2. 机会成本

3. 边际变动

4. 激励

5. 外部性

二、单项选择

1. 下列说法错误的是（　　）。

   A. 买一辆汽车涉及权衡取舍　　B. 上大学涉及权衡取舍

   C. 看一场电影涉及权衡取舍　　D. 以上三者均不涉及权衡取舍

2. 人们之所以要优化资源配置是因为人们的欲望是无限的，而资源是（　　）。

   A. 无法有效利用的　　　　　　B. 稀缺的

   C. 不能开发的　　　　　　　　D. 利用的边际成本是无限上升的

3. 理性的经济人在做出决策时，总会考虑该行动是否（　　）。

   A. 符合社会道德标准　　　　　B. 能给他人带来利益

   C. 使边际收益大于边际成本　　D. 使边际收益小于边际成本

4. 星期天，小李花一天时间上街买了 100 元的衣服，并买了 5 元的包子当午餐，请问小李买这件衣服的机会成本是（　　）。

   A. 100 元　　　　　　　　　　B. 100 元加上一天时间价值

   C. 105 元　　　　　　　　　　D. 105 元加上一天时间价值

5. 当市场上鸡肉的价格上升 10%，而猪肉的价格下降 20% 时，我们可以预期（　　）。

  A. 买鸡肉的人增加了   B. 买猪肉的人减少了

  C. 买猪肉的人增加了   D. 对买鸡肉和买猪肉的人均无影响

6. 发达国家工人的工资水平高是因为（　　）。

  A. 发达国家的物价水平高   B. 发达国家的税率高

  C. 发达国家工人的生产率高   D. 以上三者都不是

7. 短期内通货膨胀与失业的关系是（　　）。

  A. 成正比   B. 成反比

  C. 无关   D. 以上均不对

8. 青菜价格上升，提供的信息是（　　）。

  A. 告诉消费者多买青菜   B. 告诉消费者少买萝卜

  C. 告诉生产者多种青菜   D. 以上均是

三、应用题

1. 在下列情况下，请你帮助做出权衡取舍的分析。

（1）张媛媛高中毕业后，家里安排其进一家企业工作，但张媛媛想上大学。

（2）李婷的手机是几年前买的，虽然还可以用，但功能明显比其他同学的手机功能少了许多，样式也落伍了。现在李婷的爸爸因其成绩好，奖励给她 2500 元，有了这笔钱后李婷在是否要更换手机上犯了难。

（3）皮皮同学打算在暑假去超市打零工。

2. 大四毕业生小明因毕业离校，打算将其电动自行车出售。其电动自行车按市场价可卖 1000 元，但更换若干部件后可以卖出更高的价格，请问小明如何就部件是否更换做出权衡取舍的决策？

第二章
需求与供给

【教学目标】

1. 知道什么是市场，什么是竞争市场。
2. 考察在一个竞争市场中影响需求量变化和需求变化的因素。
3. 考察在一个竞争市场中影响供给量变化和供给变化的因素。
4. 了解需求与供给是如何共同作用实现均衡的。
5. 掌握分析均衡变动的步骤，了解价格在资源配置中的关键作用。

当寒流袭击佛罗里达州时，美国超市的橙汁价格上升了；当中东爆发战争时，国际的汽油价格上升了。这两个事件的共同之处是什么呢？它们都表明了需求与供给的作用。

需求与供给是经济学家经常使用的两个词。需求与供给是使市场经济运行的力量。它们决定了每种物品的产量及其出售价格。如果你想知道任何一个事件或一项政策将如何影响经济，你就应该先考虑它将如何影响需求与供给。

本章将介绍需求与供给理论。该理论考虑买者与卖者的行为，以及他们相互之间的影响，进而说明市场经济中需求与供给是如何决定价格的，以及价格又是如何配置经济中的稀缺资源的。

第一节　市场与竞争

需求与供给这两个术语是指人们在竞争市场中相互交易时的行为。在讨论买者与卖者如何行事之前，让我们先充分地了解一下市场和竞争这两个术语的含义。

一、什么是市场

市场是由某种物品或服务的买者与卖者组成的一个群体。买者作为一个群体决定了一种产品的需求，而卖者作为一个群体决定了一种产品的供给。

市场有很多形式。一些市场组织健全，如农产品市场。在这些组织健全的市场中，买者与卖者在特定的时间与地点聚集在一起，另外市场上还有中间者帮助确定价格并安排销售。

更普遍的情况是，市场的组织并不足够健全，如某个镇上的冰淇淋市场。冰淇淋的买者并没有在任何一个时间聚集在一起；冰淇淋的卖者分散在不同的地方，并提供略有差别的产品；在这里也没有确定冰淇淋价格的中间者。然而，这些冰淇淋的买者和卖者是紧密联系的。冰淇淋买者可以从各个冰淇淋卖者中进行选择，来满足其需求，而冰淇淋卖者需要努力吸引这些冰淇淋买者，以成功卖出自己的冰淇淋。尽管这个市场没有人去组织，也不足够健全，但由冰淇淋买者和冰淇淋卖者组成的群体便形成了一个市场。

二、什么是竞争

冰淇淋市场也和大多数市场一样，存在着高度竞争。每个买者都知道有一些卖者的产品可供选择，并且每个卖者也都认识到他的产品与其他卖者提供的产品是相似的。因此，冰淇淋的价格和销售量并不是由任何一个买者或卖者决定的。确切地说，冰淇淋的价格和销售量是由所有买者和卖者通过在市场上的相互交易而共同决定的。

经济学家用竞争市场或自由竞争市场来描述有许多买者与卖者并且每一个人对市场价格的影响都微乎其微的市场。每一个冰淇淋卖者对价格的影响都是有限的，因为其他卖者也提供类似的产品。卖者没有理由以低于现行价格的价格出售产品，而如果他们以较高价格出售产品，买者可能就会到其他地方购买。同样，没有一个冰淇淋买者能影响冰淇淋的价格，因为每个买者的购买量都很少。

在本章中，我们假设市场是完全竞争的。一个完全竞争的市场必须具备两个特征：可供销售的物品是完全相同的；买者和卖者人数众多，以至于没有任何一个买者或卖者可以影响市场价格。由于完全竞争市场上的买者与卖者必须接受市场决定的价格，所以他们被称为价格接受者。在市场价格上，买者可以购买他们想购买的所有物品，而卖者可以出售他们想出售的所有物品。

在某些市场上，完全竞争的假设是适用的。例如，在小麦市场上，有千百万个出售小麦的农民和千百万个使用小麦及小麦产品的消费者。由于没有一个买者或卖者能影响小麦价格，所以每个人都把价格视为既定的。

但是，并不是所有物品与服务都是在完全竞争市场上出售的。一些市场只有一个卖者，而且该市场上物品与服务的价格由这个卖者决定。这样的卖者被称为垄断者。例如，你们本地的居民只能从一家有线电视公司购买有线电视服务，那么这家有线电视公司就是一个垄断者。还有一些市场介于完全竞争和垄断这两种形式之间。

尽管我们看到的市场类型是多种多样的，但完全竞争市场的假设是一种很有用的简化，因此我们的分析也从完全竞争市场开始。完全竞争市场是比较容易分析的，因为每个市场参与者都会接受市场条件决定的价格。由于大多数市场中都存在某种程度的竞争，所以我们研究的完全竞争条件下的需求与供给所得到的许多结论适用于大多数市场。

第二节 需 求

我们对市场的研究从考察买者的行为开始。在这里，我们以冰淇淋市场为例进行分析。

一、需求曲线：价格和需求量之间的关系

一种物品的需求量是买者愿意并且能够购买的该种物品的数量。任何一种物品的需求量都是由很多因素决定的，其中有一种因素起着主要作用——物品的价格。如果每个冰淇淋的价格原来是 2 元，现在每个冰淇淋的价格上升到 4 元，你就会少买一些冰淇淋；如果每个冰淇淋的价格下降到 1 元，你就会多买一些。价格与需求量之间的这种关系对于经济中大部分物品来说都是存在的，而且实际上这种关系非常普遍。经济学家将其称为需求定理：在其他条件不变时，一种物品的价格上升，人们对该物品的需求量会减少；一种物品的价格下降，人们对该物品的需求量会增加。

图 2-1 中的表格表示在不同的价格水平下，小李每个月买的冰淇淋数量。如果是免费的，小李每个月买 12 个冰淇淋；当价格为 1 元时，小李每个月买 10 个冰淇淋。随着价格的上升，她的需求量越来越少。当价格达到 6 元时，小李就一个冰淇淋都不买了。这个表是一个需求表，它表明在影响买者想购买的数量的其他因素都保持不变的情况下，一种物品的价格与其需求量之间的关系。

把价格与需求量联系在一起的曲线被称为需求曲线。图 2-1 中的图形是根据表中的数字绘制的需求曲线。根据习惯，纵轴代表冰淇淋的价格，而横轴代表小李对冰淇淋的需求量。需求曲线向右下方倾斜是因为在其他条件不变的情况下，价格越低意味着需求量越多。

冰淇淋的价格/元	冰淇淋的需求量/个
0	12
1	10
2	8
3	6
4	4
5	2
6	0

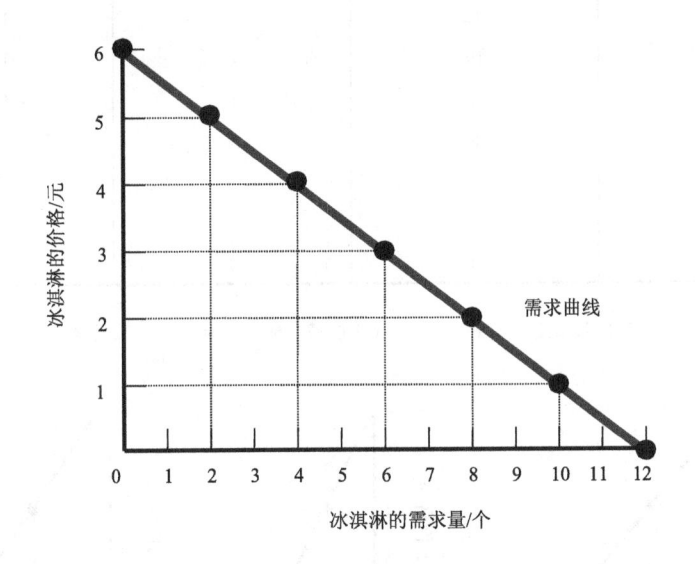

图 2-1　小李的需求表和需求曲线

二、市场需求与个人需求

图 2-1 中的需求曲线表示某个人对某种产品的需求。为了分析市场如何运行，我们需要确定市场需求，市场需求是所有人对某种特定物品的需求的总和。

图 2-2 中的表格是市场上的买家——小李和小王的冰淇淋需求表。这个需求表告诉我们，在不同的价格水平下，小李和小王各自会购买多少个冰淇淋。市场需求量是指每一种价格水平下这两人的需求量的总和。

图 2-2 中的图形表示对应于需求表的需求曲线。要注意的是，我们把个人

需求曲线水平相加可得出市场需求曲线。这就是说，为了得出任何一种价格水平下的市场需求量，我们要把个人需求曲线的横轴上标出的个人需求量相加。我们想要分析市场如何运行，就要用到市场需求曲线。市场需求曲线表示在所有影响买者想购买的数量的其他因素保持不变的情况下，一种物品的市场需求量如何随该物品价格的变动而变动。

冰淇淋的价格/元	小李的需求量/个	小王的需求量/个	市场需求量/个
0	12 +	7 =	19
1	10	6	16
2	8	5	13
3	6	4	10
4	4	3	7
5	2	2	4
6	0	1	1

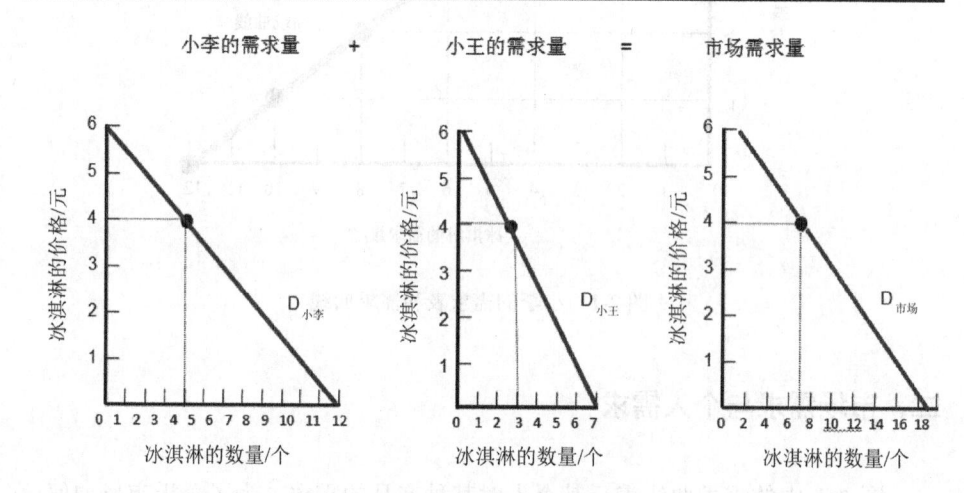

图 2-2 市场需求量是个人需求量之和

三、需求曲线的移动

虽然市场需求曲线是假设其他条件不变的，但随着时间的推移，该曲线不一定是稳定的，如果某个条件改变了任何一种既定价格水平下的需求量，需求曲线就会移动。例如，天气变热将会使人们对冰淇淋的需求增加。在任何一种既定价格水平下，买者想购买更多的冰淇淋，冰淇淋的需求曲线就会向右移动。

图 2-3 说明了需求曲线的移动。使任何一种价格水平下的需求量增加的任何一种变动，都会引起需求曲线向右移动，我们称之为需求增加。同样，使任何一种价格水平下的需求量减少的任何一种变动，也都会引起需求曲线向左移动，我们称之为需求减少。

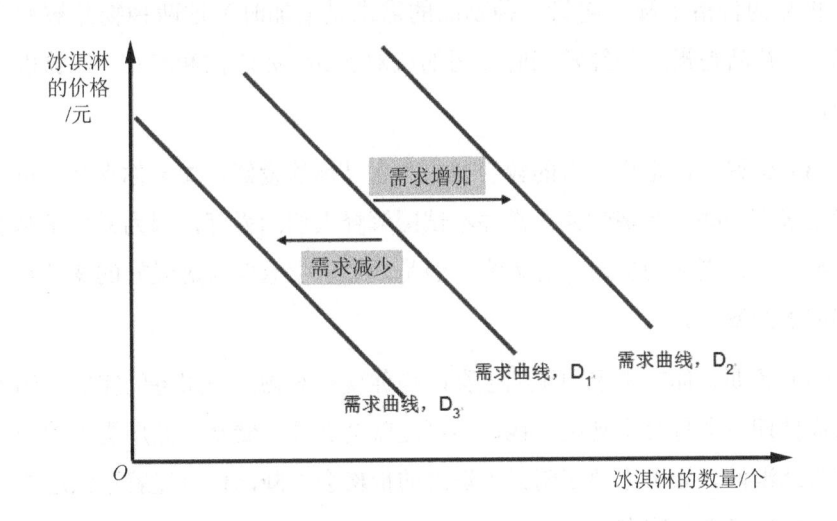

图 2-3 需求曲线的移动

有许多变量会使需求曲线移动，下面是一些比较重要的变量。

（1）收入。如果某个夏天你失业了，你对冰淇淋的需求会发生什么变化呢？很可能的情况是，需求会减少。收入降低意味着你的总支出减少，因此你不得不在某些物品上，也许是大多数物品上减少一些支出。当收入减少时，如果一种物品的需求量减少，这种物品就被称为正常物品。

并不是所有物品都是正常物品。当收入减少时，如果一种物品的需求量增加，这种物品就被称为低档物品。例如，坐公共汽车，随着你收入的减少，你可能就不会买汽车或乘出租车，而更可能去坐公共汽车。

（2）相关物品的价格。假设冷冻酸奶的价格下降。根据需求定理，你将多买冷冻酸奶。同时，你也许会少买冰淇淋。因为冰淇淋和冷冻酸奶都是冷而甜的奶油甜食，它们能满足相似的需求。当一种物品的价格下降引起另一种物品的需求量减少时，这两种物品则互为替代品。替代品是指那些经常相互替代使用的物品，如热狗与汉堡包、毛衣与长袖衫等。

现在假设咖啡价格下降，根据需求定理，你将买更多的咖啡。但在这种情况下，你也可能买更多咖啡伴侣，因为咖啡和咖啡伴侣通常是一起喝的。当一种物品的价格下降引起另一种物品的需求量增加时，这两种物品被称为互补品。互补品是指那些经常同时使用的成对物品，如汽油和汽车、计算机和软件等。

（3）爱好。决定你需求的较明显的因素是你的爱好，如果你喜欢冰淇淋，你就会多买一些。经济学家通常并不试图解释人们的爱好，因为爱好是基于超越了经济学范围的历史与心理因素。但是，经济学家要考虑爱好的变动是否会引起需求的变化。

（4）预期。你对未来的预期也会影响你现在对物品与服务的需求。例如，如果你预期下个月会赚到更多钱，你可能就会选择少储蓄，而用更多的当前收入去买冰淇淋。如果你预期明天冰淇淋的价格会下降，你可能就不太愿意今天以较高的价格去买冰淇淋。

（5）买者的数量。除以上影响单个买者行为的变量以外，市场需求还取决于买者的数量。如果小张作为冰淇淋的消费者加入小李和小王的行列，则每种价格水平下的市场需求量都会增加，从而市场需求就增加了。

需求曲线表示在其他所有影响买者的变量保持不变的情况下，一种物品的价格发生变动时，该物品的需求量会发生什么变动。而当这些变量中的某个发生变动时，需求曲线就会移动。

只有当除用坐标轴表示的变量外的其他相关变量发生变动时，需求曲线才会移动。因为价格用纵轴表示，所以价格的变动表现为沿着需求曲线的变动。与此相反，收入、相关物品价格、爱好、预期和买者的数量不能用任何一条坐标轴表示,因此其中任何一个变量的变动都将会使需求曲线移动。

第三节 供 给

现在我们转向市场的另一方,考察卖者的行为。在这里,我们仍然以冰淇淋市场为例进行分析。

一、供给曲线:价格与供给量之间的关系

一种物品的供给量是卖者愿意并且能够出售的该种物品的数量。决定供给量的因素有许多,但在我们的分析中,价格仍然起着一种特殊作用。当冰淇淋价格较高时,出售冰淇淋是有利可图的,因此供给量也较大。这样冰淇淋卖者工作时间会更长,同时会购买更多台冰淇淋机,并雇用较多工人。相反,当冰淇淋价格较低时,出售冰淇淋的获利较少,这时卖者将供应较少的冰淇淋。当价格更低时,一些卖者甚至会选择停止营业,将其供应量减少为零。价格与供应量之间的这种关系被称为供给定理:在其他条件不变时,一种物品价格上升,该物品的供给量增加;一种物品价格下降,该物品的供给量减少。

图 2-4 中的表格表明了市场上的一个冰淇淋卖者小张在各种冰淇淋价格时的供给量。当价格低于 2 元时,小张根本不供给冰淇淋。随着价格的上升,他供给的数量越来越多。这个表是一个供给表,它表示在影响卖者想出售的数量的其他因素都保持不变的情况下,一种物品的价格与其供给量之间的关系。

把价格与供给量联系在一起的曲线被称为供给曲线。图 2-4 中的图形是根据表中的数字绘制的供给曲线。根据习惯,纵轴代表冰淇淋的价格,而横轴代表小张对冰淇淋的供给量。供给曲线向右上方倾斜是因为在其他条件不变的情况下,价格越高意味着供给量越多。

冰淇淋的价格/元	冰淇淋的供给量/个
0	0
1	0
2	1
3	2
4	3
5	4
6	5

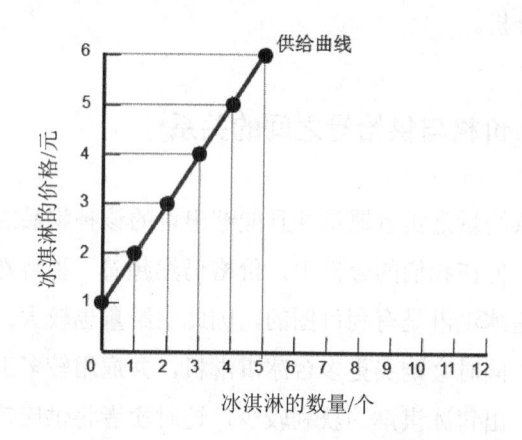

图 2-4　小张的供给表与供给曲线

二、市场供给与个人供给

正如市场需求是所有买者需求的总和一样，市场供给也是所有卖者供给的总和。图 2-5 中的表格是市场上的两个冰淇淋卖者——小张和小陈的供给表。这个供给表告诉我们，在不同的价格水平下，小张和小陈各自会供给多少个冰淇淋。市场供给量是指每一种价格水平下这两人的供给量的总和。

图 2-5 中的图形表示对应于供给表的供给曲线。和需求曲线一样，我们水平地加总个人供给曲线来得出市场供给曲线。这就是说，为了得出任何一种价格水平下的市场供给量，我们要把个人供给曲线横轴上标出的个人供给量相加。市场供给曲线表示在影响卖者想出售的数量的其他因素都保持不变的情况下，一种物品的市场供给量如何随其价格的变动而变动。

冰淇淋的价格/元	小张的供给量/个	小陈的供给量/个	市场供给量/个
0	0	0	0
1	0	0	0
2	1	0	1
3	2	2	4
4	3	4	7
5	4	6	10
6	5	8	13

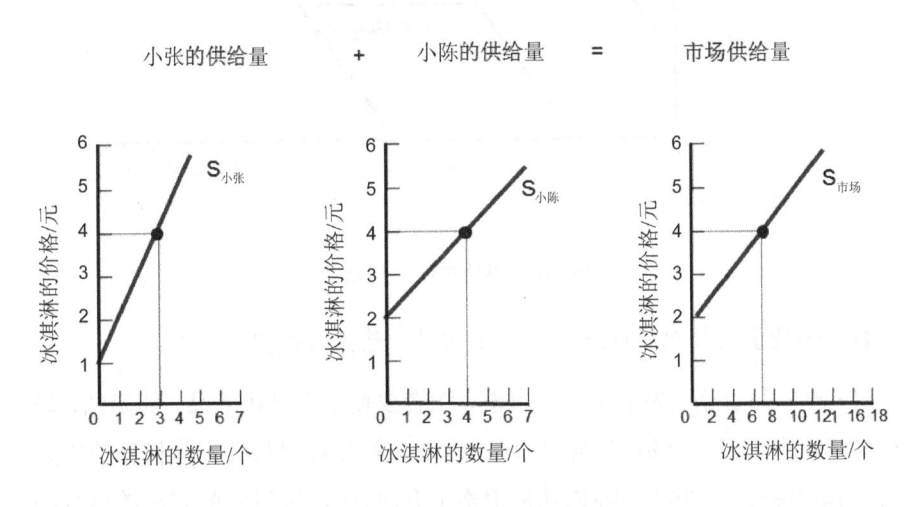

小张的供给量　　+　　小陈的供给量　　=　　市场供给量

图 2-5　市场供给量是个人供给量之和

三、供给曲线的移动

市场供给曲线是假设其他条件不变的，当这些条件中的一个发生变动时，该曲线将会移动。例如，假设糖的价格下降了，糖是生产冰淇淋的一种投入品，所以糖的价格下降使销售冰淇淋的利润增加。这就会增加冰淇淋的供给量。在任何一种既定价格水平下，卖者愿意生产更多的冰淇淋，冰淇淋的供给曲线就会向右移动。

图 2-6 说明了供给曲线的移动。使任何一种价格水平下的供给量增加的任何一种变动（如糖的价格下降），都会引起供给曲线向右移动，我们称之为供给

增加。同样，使任何一种价格水平下的供给量减少的任何一种变动，也都会引起供给曲线向左移动，我们称之为供给减少。

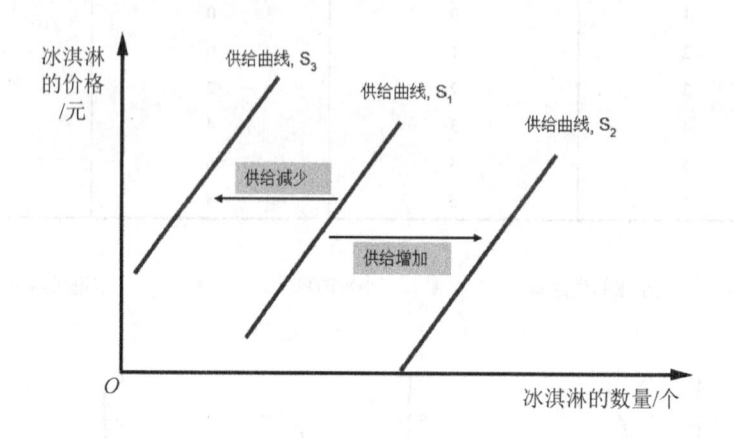

图 2-6　供给曲线的移动

有许多变量会使供给曲线移动，下面是一些比较重要的变量。

（1）投入品价格。为了生产冰淇淋，卖者要使用各种投入品，如奶油、糖、香料、冰淇淋机、生产冰淇淋的厂房，以及搅拌各种材料并操作机器的工人的劳动。当这些投入品中的一种或几种价格上升时，生产冰淇淋的利润就会减少，卖者供给的冰淇淋就会减少。如果投入品价格大幅度上升，卖者可能就会停止营业，不再供给冰淇淋。因此，一种物品的供给量与生产这种物品所用的投入品的价格呈负相关。

（2）技术。生产冰淇淋的技术也是供给量的决定因素之一。这类技术的进步通过降低卖者的生产成本而增加了冰淇淋的供给量。

（3）预期。卖者现在的冰淇淋供给量还取决于其对未来的预期。例如，如果卖者预期未来冰淇淋的价格会上升，他可能就会减少当前的市场供给。

（4）卖者的数量。除了以上影响单个卖者行为的变量，市场供给还取决于卖者的数量。如果一些卖者退出冰淇淋市场，市场供给将减少。

供给曲线表示在其他所有影响卖者的变量保持不变的情况下，一种物品的价格发生变动时，该物品的供给量会发生什么变动。而当这些变量中的某个发生变动时，供给曲线就会移动。

只有当除用坐标轴表示的变量外的其他相关变量发生变动时，供给曲线才会移动。因为价格用纵轴表示，所以价格的变动表现为沿着供给曲线的变动。与此相反，投入品的价格、技术、预期和卖者的数量不能用任何一条坐标轴表示，因此其中任何一个变量的变动都将会使供给曲线移动。

第四节　需求与供给的结合

在分别分析了需求和供给之后，现在我们把它们结合起来分析它们将如何决定市场上一种物品的价格和销售量。

一、均衡

图 2-7 中同时给出了市场需求曲线与市场供给曲线。可以注意到，需求曲线和供给曲线相交于一点，这一点被称为市场的均衡。这两条曲线相交时的价格被称为均衡价格，相交时的数量被称为均衡数量。在这里，冰淇淋的均衡价格为 4 元，均衡数量是 7 个。均衡是指各种力量处于平衡的状态。在物品价格为均衡价格时，买者愿意而且能够购买的数量正好与卖者愿意而且能够出售的数量相平衡。均衡价格有时也被称为市场出清价格，因为在这一价格水平下，市场上的每个人都得到了满足：买者买到了他想买的物品，而卖者卖出了他想卖的物品。

买者与卖者的行为自然而然地使市场向需求与供给的均衡变动。为了说明原因，我们来看一下当市场价格不等于均衡价格时会出现什么情况。

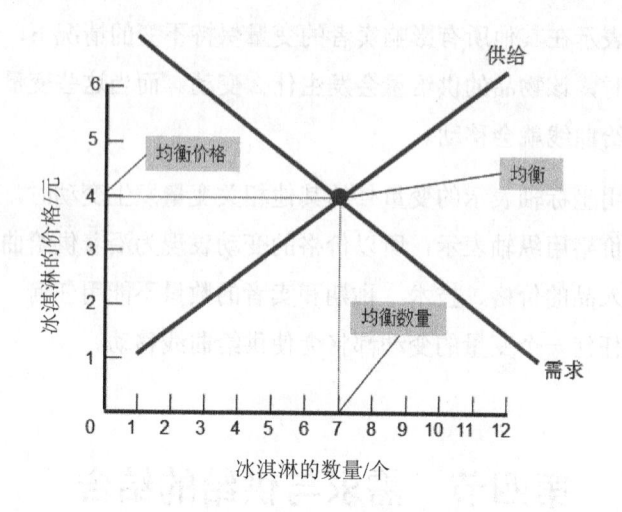

图 2-7　需求与供给的均衡

假设市场价格高于均衡价格，冰淇淋的需求与供给关系如图 2-8（a）所示。在每个冰淇淋的价格为 5 元时，供给量（10 个冰淇淋）超过了需求量（4 个冰淇淋）。此时存在物品的过剩，即在现行价格下，供给者不能卖出他们想卖的所有物品。过剩状态有时也被称为超额供给的状态。当冰淇淋市场处于过剩状态时，冰淇淋卖者会发现，他们的冰箱装了越来越多的他们想卖却卖不出去的冰淇淋。他们对过剩的反应是降低冰淇淋的价格。反过来，价格下降会增加需求量，并减少供给量。这种变化表现为沿着需求曲线和供给曲线的变动。在这种情况下，冰淇淋的价格会持续下降，直到市场达到均衡为止。

假设市场价格低于均衡价格，冰淇淋的需求与供给关系如图 2-8（b）所示。在每个冰淇淋的价格为 3 元时，需求量（10 个冰淇淋）超过了供给量（4 个冰淇淋）。此时存在物品的短缺，即在现行价格下，需求者不能买到他们想买的所有物品。短缺状态有时也被称为超额需求的状态。当冰淇淋市场处于短缺状态时，买者不得不排长队等候购买有限的几个冰淇淋。由于太多的买者抢购太少的物品，卖者可以抬高物品的价格而又不会使销售量降低。价格上升引起需求量减少，供给量增加。这种变化又一次表现为沿着需求曲线和供给曲线的变动，并推动市场走向均衡。

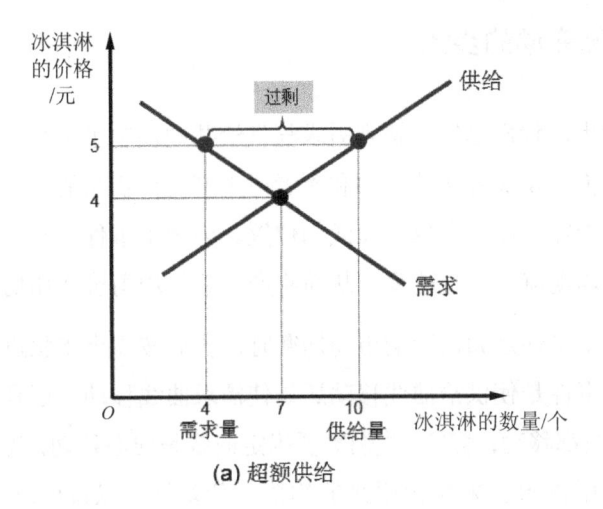

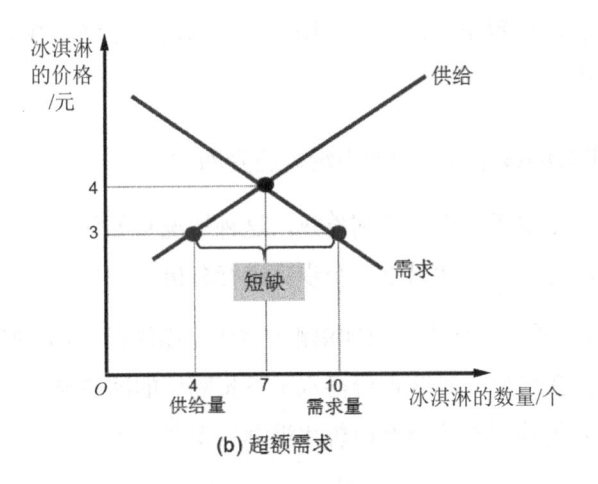

图 2-8 非均衡的市场

因此，无论起初价格是太高还是太低，许多买者与卖者的活动都会自发地使市场价格向均衡价格变动。一旦市场价格达到均衡价格，所有买者和卖者都能得到满足，也就不存在价格上升或下降的压力。不同市场达到均衡的速度是不同的，这取决于价格调整的速度。在大多数自由市场上，物品的市场价格最终要变动为其均衡价格，因此过剩与短缺都只是暂时的。实际上，这种现象非常普遍，被称为供求定理，即任何一种物品的价格都会自发调整，从而使该物品的需求与供给达到平衡。

二、分析均衡变动的步骤

到现在为止，我们已经了解到需求与供给共同决定了市场均衡，市场均衡又决定了物品价格及买者所购买的和卖者所生产的该物品的数量。均衡价格和均衡数量取决于需求曲线和供给曲线的位置。当某个事件使其中一条曲线移动时，市场上的均衡就会发生改变，从而将产生新的均衡价格和均衡数量。

在分析某个事件是如何影响市场均衡时，我们按3个步骤进行：第一，我们需要确定该事件是使供给曲线移动还是使需求曲线移动，还是（在某些情况下）使两种曲线都移动；第二，我们需要确定曲线是向右移动，还是向左移动；第三，我们要用供求图来比较原来的均衡与新均衡，以说明这种移动是如何影响均衡价格和均衡数量的。为了说明如何使用这种方法，我们仍以冰淇淋市场为例进行分析。

1. 由于需求曲线移动引起的市场均衡变动

假设在某一年夏季，天气特别炎热，这种情况将如何影响冰淇淋市场呢？为了回答这个问题，我们按以上3个步骤进行分析。

（1）天气炎热通过改变人们对冰淇淋的爱好而影响了需求曲线。这就是说，天气改变了人们在任何一种既定价格水平下想购买的冰淇淋数量。而供给曲线不变，是因为天气并不直接影响销售冰淇淋的卖者。

（2）天气炎热使人们想吃更多的冰淇淋，所以需求曲线向右移动。如图2-9所示，随着需求曲线从 D_1 移动到 D_2，需求量增加了。这种移动表明，在每种价格水平下，冰淇淋的需求量都增加了。

（3）每个冰淇淋的价格为4元时，处于对冰淇淋的超额需求状态，这就使卖者提高了冰淇淋的价格。如图2-9所示，需求曲线的移动使均衡价格由4元上升到5元，均衡数量由7个增加到10个。换句话说，天气炎热提高了冰淇淋的价格，增加了冰淇淋的销售量。

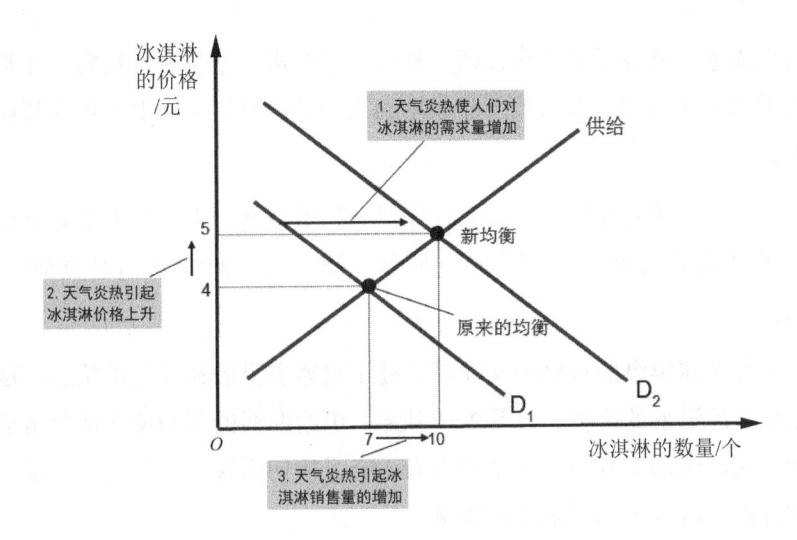

图 2-9　需求增加如何影响均衡

我们注意到，当天气炎热使冰淇淋的需求量增加，并使其价格上升时，尽管供给曲线仍然相同，但企业供给的冰淇淋数量增加了。在这种情况下，经济学家就说"供给量"增加，但"供给"不变。

供给指供给曲线的位置，而供给量指卖者希望出售的数量。在这个例子中，供给没有改变，因为天气炎热并没有改变在任何一种既定价格水平下卖者的销售愿望，而是改变了在任何一种既定价格水平下消费者的购买愿望，从而使需求曲线向右移动。需求量增加引起均衡价格上升，当价格上升时，供给量增加了。这种供给量的增加表现为沿着供给曲线的变动。

总结一下：需求曲线的移动被称为"需求变动"，供给曲线的移动被称为"供给变动"。沿着一条固定需求曲线的变动被称为"需求量的变动"，沿着一条固定供给曲线的变动被称为"供给量的变动"。

2. 由于供给曲线的移动引起的市场均衡变动

假设在另一个夏季，台风摧毁了部分甘蔗田，并使糖的价格上升，这一事件将如何影响冰淇淋市场呢？为了回答这个问题，我们还是按以上 3 个步骤进行分析。

（1）作为投入品之一，糖的价格上升影响了冰淇淋的供给曲线。它通过增加投入品成本，减少了卖者在任何一种既定价格水平下生产并销售的冰淇淋数量。而需求曲线没变，因为投入品成本的增加并没有直接改变买者希望购买的冰淇淋数量。

（2）供给曲线向左移动，因为在任何一种价格水平下，卖者愿意并能够出售的冰淇淋数量减少了。如图 2-10 所示，随着供给曲线从 S_1 移动到 S_2，供给量减少了。

（3）每个冰淇淋的价格为 4 元时，处于对冰淇淋的超额需求状态，这就使卖者提高了冰淇淋的价格。如图 2-10 所示，供给曲线的移动使均衡价格从 4 元上升到 5 元，使均衡数量由 7 个减少为 4 个。换句话说，糖价的上升提高了冰淇淋的价格，减少了冰淇淋的销售量。

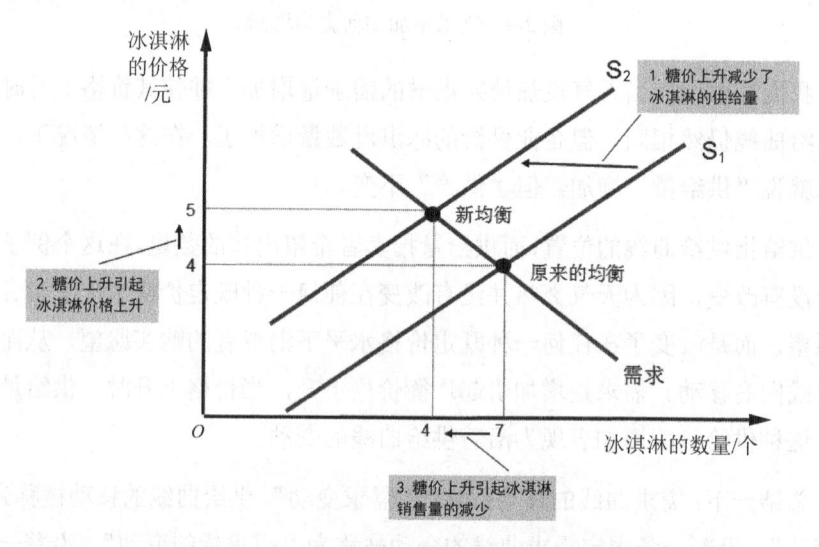

图 2-10 供给减少如何影响均衡

3. 需求曲线和供给曲线都移动

现在假设天气炎热和台风发生在同一个夏季。为了得出两个事件对冰淇淋市场的共同影响，我们仍按照 3 个步骤进行分析。

（1）我们确定，两条曲线都应该移动。天气炎热影响需求曲线，因为它改变了买者在任何一种既定价格水平下想要购买的冰淇淋数量。同时，当台风使糖价上升时，它改变了卖者在任何一种既定价格水平下想要生产并销售的冰淇淋数量。

（2）这两条曲线移动的方向与前面分析中的移动方向相同：需求曲线向右移动，而供给曲线向左移动。

（3）如图2-11所示，根据需求曲线和供给曲线移动幅度的相对大小，可能会出现两种情况。在这两种情况下，均衡价格都上升了。在图2-11（a）中，需求大量增加，而供给少量减少，均衡数量增加了。在图2-11（b）中，需求少量增加，而供给大量减少，均衡数量减少了。因此，这些事件肯定会提高冰淇淋的价格，但它们对冰淇淋销售量的影响是不确定的（也就是说，销售量朝哪个方向变动都是可能的）。

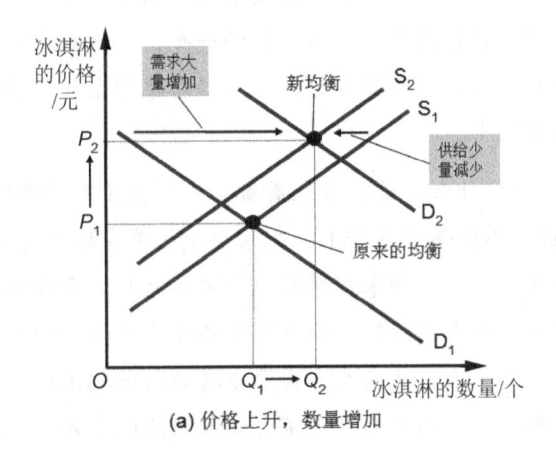

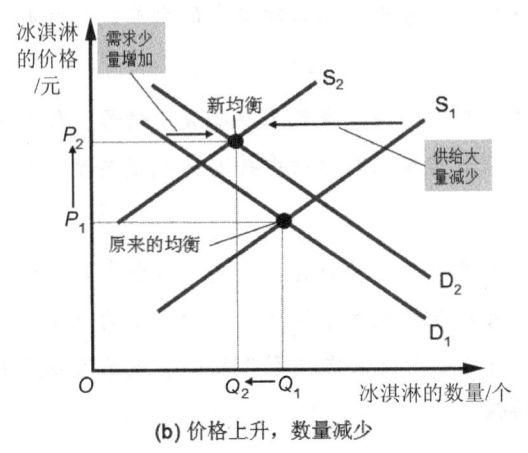

(a) 价格上升，数量增加

(b) 价格上升，数量减少

图 2-11　需求曲线和供给曲线的移动

我们刚刚学习了如何用需求曲线和供给曲线分析均衡变动的 3 种情况。只要一个事件使需求曲线或供给曲线移动了，或使这两条曲线都移动了，你就可以预测这个事件将如何改变均衡数量和均衡价格。

新闻透视

高薪能否缓解"用工荒"

大年初八，春节后正常上班首日，企业陆续开工了，外来务工人员也陆续返城了，接下来，城市的紧张节奏将再度唱响。从初九开始，各级人力资源市场陆续开市，求职、招聘迎来了旺季。新的一年，工作好找吗？工资会涨吗？招人难吗？和往年一样，急于招人的一些劳动密集型企业，早在初六、初七就出现在了劳动力市场上。

"小伙子，你要找什么工作？过来看看，我们企业不错的！4000 多元的工种很多的。"在杭州石桥路兴业街上，几家企业早早在路边搭好棚子开始招人。虽然工资比去年涨了一些，但来应聘的人却寥寥无几。负责招工的赵大姐说，一天下来，只有六七个人来应聘，而且只是填了个表格，到时会不会来还不知道。2 月 5 日，大年初六，义乌人力资源市场的门前就出现了企业招聘人员举牌招工的情景。那时，义乌及周边县市大部分企业尚未开工，人力资源市场也还没开门，但一些订单任务重、用工缺口大的企业，已经派人提前到人力资源市场门口"抢人"。

虽然节后求职、招聘两头需求都早早释放出信号，但在劳动力日益紧缺的现实背景下，很多求职者在求职过程中普遍持观望态度，希望找到待遇更高的工作。

杭州市人力资源市场开始营业后，涌进了不少求职者和企业招聘人员。人力资源市场提供的各种职位也多于往年。急于开工的企业为了尽快招到人，有的放低应聘标准，有的是老板亲临现场"拉人"，表示可以先安排求职者去厂里看看，再签用工协议。

义乌市人力资源市场大年初七就开始营业了。当天上午，就有 3000 多名来自全国各地的务工者前来寻找合适的工作，总共有近200家企业入场招聘，现场招聘的企业有七成集中在餐饮和服务类行业。义乌周边的企业在招聘时，除涨工资外，还通过增加社会保险、商业保险、提供夫妻套房等福利措施吸引更多的应聘者。

据温州市瓯海人才资源服务中心的工作人员介绍，虽然一部分务工者要在正月十五以后返城，但就目前情况而言，今年春节后的求职者较往年少了不少，这使温州的缺工境况雪上加霜。尽管今年工人的工资平均比去年增加了15%以上，但工资、福利等待遇谈不拢，仍成为用人单位与求职者间难以跨越的一道坎。

当然，也有制造企业早早做好产业布局调整，在招工问题上有了新的策略。"今年招工就顺其自然吧，因为大部分工厂已外迁到江苏、山东等地，在德清的公司，虽说是本部，但主要是以提供设计、打样等高附加值的职位为主。"德清安泰时装有限公司的某高管透露，和往年相比，今年公司招人的心态要平和得多，"在越南我们也开了工厂，以后，国内车间工人的招工比例会逐渐缩小"，他表示，将制造业外迁是近几年来的一个趋势，"这样的产业布局，主要考虑到用工成本，同时也能延长产业链"。

（资料来源：改编自高薪能否缓解"用工荒"？浙江在线——今日早报，2014年2月10日）

【关联理论】

在需求不变或增加的情况下，当一种物品供给减少或不变时，该物品的价格必然上升。但反过来，提高该物品的价格却不一定能让供给增加。当由于资源约束或结构性原因使该物品供给在短时间内无法有效增加时，提高价格对缓解供求矛盾的效果并不明显。

【新闻评价】

有专家认为，劳动力成本上升是必然现象，是经济快速增长的体现。实际上，劳动力成本上升是一种客观的、长期的趋势。随着劳动力成本的上升，沿海地区一大批劳动密集型企业面临的压力会越来越大。这些企业正是依靠充足的廉价劳动力带来的比较优势获得了快速发展。但随着中国劳动力供求形势及劳动力结构的变化，这一经济发展模式正变得越来越不可持续。新生代农民工与老一辈农民工相比，在学历、思想和职业诉求上都发生了相当大的变化。他们对工作的诉求除更高的收入外，还会考虑到社会保障、医疗保险等福利，以及工作之余的文化娱乐生活。这就意味着企业必须不断加大对劳动力成本的投入。

在本案例中，杭州、义乌、温州等地的劳动力市场供求状况，反映了一个共同的事实：即使企业提高了工人工资和福利待遇，也只能缓解而不能完全解决"用工荒"难题。劳动力供求的结构性矛盾将更突出，这将给劳动力就业和企业人力资源配置产生重大影响。面对人力资源的结构性矛盾，今后简单的劳动密集型产业的发展空间肯定会受限，根本出路是必须加快转型升级。企业应该提高劳动生产率，转向用工更少、附加值更高的技术和资本密集型产业，进而推动整个产业的升级与进步。德清安泰时装有限公司利用制造业外迁以延长产业链并调整产业布局的做法无疑为解决"用工荒"难题指明了出路。

课外习题

一、术语解释

1. 需求定理

2. 供给定理

3. 均衡

二、单项选择

1. 下列哪一件事会使手表的需求曲线向右移动？（　　）。

   A. 手表的价格下降

   B. 手表的价格上升

   C. 如果手表是正常物品，消费者的收入减少

   D. 如果手表电池与手表是互补品，手表电池的价格下降

2. 如果蓝色牛仔裤的价格上升引起白色网球鞋的需求减少,那么蓝色牛仔裤和白色网球鞋是（　　）。

A．替代品　　　　　　　　　B．互补品

C．正常物品　　　　　　　　D．低档物品

3. 若篮球鞋的价格上升引起网球鞋的需求增加,那篮球鞋和网球鞋是（　　）。

A．替代品　　　　　　　　　B．互补品

C．正常物品　　　　　　　　D．低档物品

4. 市场均衡要求（　　）。

A．政府平衡供求双方的力量　　B．价格与数量相等

C．价格保持不变　　　　　　D．市场平衡供求双方的力量

5. 在需求不变时,一种物品的供给减少（向左移动）将会引起（　　）。

A．均衡价格上升,均衡数量增加

B．均衡价格下降,均衡数量减少

C．均衡价格上升,而均衡数量减少

D．均衡价格下降,而均衡数量增加

6. 下列因素除哪一种外都会使需求曲线移动？（　　）。

A．消费者收入变化　　　　　B．物品价格变化

C．消费者爱好变化　　　　　D．其他相关物品价格变化

7. 在得出某种物品的个人需求曲线时,下列哪一因素会发生变化？（　　）。

A．物品本身的价格　　　　　B．个人爱好

C．其他物品的价格　　　　　D．个人收入

8. 完全竞争市场（　　）。

A．只有一个卖者　　　　　　B．至少有几个卖者

C．有许多买者和卖者　　　　D．有能确定自己价格的企业

三、应用题

1. 说明下列事件对运动衫价格的影响（即价格是上升还是下降）。

（1）干旱导致棉花减产

（2）夹克衫降价

（3）年轻人认为运动衫富有朝气

（4）发明了新的织布机

2. 请用供求定理提出你对治理城市交通拥堵的建议。

3. 中国人在学习英语上花了很多精力，有人认为是巨大的浪费，他们提议英语退出高考或降分。你认为这种政策能把"英语热"降下去吗？

第三章
消费者剩余、生产者剩余与市场效率

【教学目标】

1. 了解福利经济学的研究对象。

2. 领会支付意愿与需求曲线之间的联系，学会用支付意愿表推导需求曲线。

3. 掌握消费者剩余的基本概念及内涵，理解价格变化对消费者剩余的影响，认识到消费者剩余是衡量买者福利的好的标准。

4. 领会成本（销售意愿）与供给曲线之间的联系，学会用成本表推导供给曲线。

5. 掌握生产者剩余的基本概念及内涵，理解价格变化对生产者剩余的影响，认识到生产者剩余是衡量卖者福利的好的标准。

6. 掌握总剩余的基本概念及内涵，理解自由市场均衡的资源配置为什么是有效的。

当消费者到商店购买感恩节晚餐用的火鸡时，他们可能会对火鸡的高价格感到失望。同时，当农民把饲养的火鸡送到市场时，他们希望火鸡的价格能再高一些。这些观点并不使人感到惊讶：买者总想少付些钱，而卖者总想多卖些钱。从整个社会的角度看，是否存在一种火鸡的"正确价格"呢？

在第二章中，我们说明了在市场经济中，需求与供给的力量如何决定了物品与服务的价格和销售量。到现在为止，我们只描述了市场配置稀缺资源的方式，而没有直接说明这些市场配置是不是令人满意的问题。换句话说，我们的分析是实证的（是什么），而不是规范的（应该是什么）。我们知道，火鸡的价格会自发调整，以保证火鸡的供给量等于需求量。但是，在这种均衡状态下，火鸡的生产量与消费量是太少、太多，还是正好呢？

在本章中，我们要讨论福利经济学这个主题，即研究资源配置是如何影响经济福利的一门学问。我们先考虑买者和卖者从参与市场活动中得到的利益，然后我们考虑社会如何使这种利益尽可能最大化。这种分析得出了一个影响深远的结论：市场上的供求均衡可以最大化买者和卖者得到的总利益。

也许你还记得第一章中经济学十大原理之一：市场通常是组织经济活动的一种好方法。福利经济学的研究更充分地阐释了这个原理。它还将回答火鸡的"正确价格"这个问题：从某种意义上说，使火鸡供求平衡的价格是最好的价格，因为它使火鸡消费者（买者）和生产者（卖者）的总利益达到了最大化。没有任何火鸡的消费者或生产者的行动是为了实现这个目标，但他们在市场价格指导之下的共同行动达成了总利益最大化的目标，就像有一只"看不见的手"在指引他们一样。

第一节 消费者剩余

我们从观察参与市场活动的买者得到的利益开始我们的福利经济学研究。

一、支付意愿

假设你有一张猫王的专辑。因为你不是一个猫王迷，所以你决定举行一场拍卖会，把这张专辑卖出去。

四个猫王迷出现在你的拍卖会上：小李、小王、小张和小陈。他们四个人都想拥有这张专辑，但每个人愿意为此支付的价格都有限。表 3-1 列出了这四个买者愿意支付的最高价格。每个买者愿意支付的最高价格被称为支付意愿，它衡量的是买者对物品的评价。每个买者都希望以低于自己支付意愿的价格购买这张专辑。对以正好等于自己支付意愿的价格购买这张专辑持无所谓的态度：如果价格正好等于他对这张专辑的评价，则他无论买这张专辑还是把钱留下都同样感到满意。

表 3-1　四个买者的支付意愿

买者	支付意愿/元
小李	100
小王	80
小张	70
小陈	50

为了卖出你的专辑，你从一个低价格，如 10 元，开始叫价。由于四个买者愿意支付的价格要比这高得多，价格上升很快。当小李报出 80 元（或略高一点）的价格时，叫价就会停止。这时，小王、小张和小陈就会退出叫价，因为他们不愿意叫出任何比 80 元高的价格。小李付给你 80 元，并得到了这张专辑。需要注意的是，这张专辑属于对该专辑评价最高的买者。

小李从购买的猫王的这张专辑中得到了什么利益呢？从某种意义上说，小李做了一笔划算的交易：他愿意为这张专辑支付 100 元，但实际只为此支付了 80 元。小李得到了 20 元的消费者剩余。消费者剩余是买者愿意为一种物品支付的量减去其为此实际支付的量。

消费者剩余衡量的是买者从参与市场活动中得到的利益。在这个例子中，小李从参与拍卖中得到了 20 元的利益，因为他购买一件自己评价为 100 元的物品只支付了 80 元。小王、小张和小陈没有从参与拍卖中得到利益，因为他们没有得到专辑，也没有花一分钱。

现在考虑另一个与其略有不同的例子。假设你有两张相同的猫王专辑要卖，你又以拍卖的方式向这四个买者出售它们。为了简单起见，我们假设这两张专辑都以相同的价格卖出，而且没有一个买者想买一张以上的专辑。因此，价格上升到两个买者放弃为止。

在这种情况下，当小李和小王报出了 70 元（或略高一点）的出价时，叫价就会停止。这时，小李和小王愿意各买一张专辑，而小张和小陈不愿意出更高的价格。小李和小王各自得到的消费者剩余等于各自的支付意愿减去支付价格。因此，小李的消费者剩余是 30 元，而小王的消费者剩余是 10 元。现在，小李的消费者剩余比前一种情况下的要高，因为他得到了同样的专辑，但为此付的钱少了。这时，市场上的总消费者剩余是 40 元。

二、用需求曲线衡量消费者剩余

消费者剩余与某种物品的需求曲线密切相关。为了说明它们之间的关系，我们继续用上面的例子绘制这张猫王专辑的需求曲线。

我们首先根据四个买者的支付意愿做出这张专辑的需求表。图 3-1 中的表格是与表 3-1 的支付意愿相对应的需求表。如果价格在 100 元以上，市场的需求量是 0，因为这个价格区间没有达到任何一个买者的支付意愿。如果价格为 80～100（含 100）元，需求量就是 1，因为这个价格区间只达到了小李的支付意愿。如果价格为 70～80（含 80）元，需求量就是 2，因为这个价格区间达到了小李和小王的支付意愿。我们还可以继续这样分析其他价格，用这种方法，就可以根据四个买者的支付意愿推导出需求表。

图 3-1 中的图形表示与这个需求表相对应的需求曲线，要注意需求曲线的高度与买者支付意愿之间的关系。在专辑的数量确定的情况下，需求曲线给出的价格代表边际买者的支付意愿。边际买者是指如果价格再提高一点就会离开市场的买者。例如，在专辑数量为 4 张时，需求曲线对应的专辑的价格为 50 元，这是小陈（边际买者）愿意为一张专辑支付的价格。在专辑的数量为 3 张时，需求曲线对应的专辑的价格为 70 元，这是小张（现在的边际买者）愿意支付的价格。

第三章 消费者剩余、生产者剩余与市场效率

价格/元	买者	需求量/张
100 以上	无	0
80~100（含 100）	小李	1
70~80（含 80）	小李，小王	2
50~70（含 70）	小李，小王，小张	3
50 或以下	小李，小王，小张，小陈	4

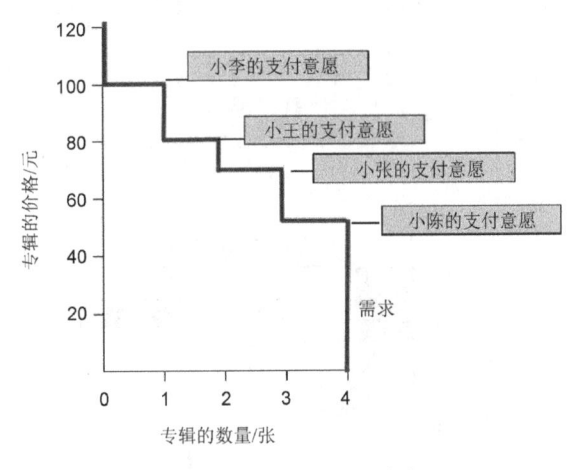

图 3-1 需求表和需求曲线

由于需求曲线反映了买者的支付意愿，因此我们可以用它来衡量消费者剩余。图 3-2 用需求曲线计算了两个例子中的消费者剩余。图 3-2（a）表示价格是 80 元（或略高一点），需求量是 1 时的消费者剩余。80 元的价格以上、需求曲线以下的面积等于 20 元。这正好是我们计算的只卖出一张专辑时的消费者剩余。图 3-2（b）表示价格是 70 元（或略高一点），需求量是 2 时的消费者剩余。在这种情况下，价格以上、需求曲线以下的面积等于两个矩形的总面积。在这一价格时，小李的消费者剩余为 30 元，小王的消费者剩余为 10 元，总面积等于 40 元。这也是我们之前计算的消费者剩余。

从两个例子中得出的结论对所有需求曲线都是成立的：需求曲线以下、价格以上的面积可以代表一个市场上的消费者剩余。需求曲线的高度代表买者对物品的评价，即买者对此物品的支付意愿。这种支付意愿与市场价格之间的差额就是每个买者的消费者剩余。因此，需求曲线以下、价格以上的总面积是某种物品或服务市场上所有买者的消费者剩余的总和。

(a) 价格为80元时的消费者剩余

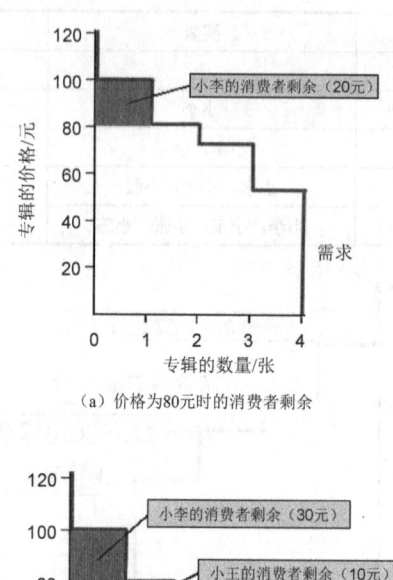

(b) 价格为70元时的消费者剩余

图 3-2　用需求曲线衡量消费者剩余

三、价格降低如何增加消费者剩余

由于买者总想为他们买的物品少支付一些钱，因此价格降低可使某种物品的买者的利益增加。但买者的利益会因为价格降低而增加多少呢？我们可以用消费者剩余的概念来回答这个问题。

图 3-3 表示的是一条典型的需求曲线。可以注意到，这条曲线逐渐向右下方倾斜而不是像图 3-2 那样是阶梯式的。在一个有许多买者的市场上，单个买者退出引起的阶梯如此之小，以至于它们实际上形成了一条平滑的曲线。尽管

这条曲线与前文所描述的需求曲线的形状不同，但前文所得出的消费者剩余的结论仍然是适用的：消费者剩余是需求曲线以下、价格以上的面积。在图3-3（a）中，当价格为 P_1 时，消费者剩余是三角形 ABC 的面积。

假设价格从 P_1 下降到 P_2，如图3-3（b）所示，消费者剩余现在等于三角形 ADF 的面积。而由于价格降低引起的消费者剩余的增加则是四边形 BCFD 的面积。消费者剩余的这种增加由两部分组成。第一，那些原来以较高价格 P_1 购买 Q_1 物品的买者由于现在支付的钱少了而获得的利益增加。原有买者的消费者剩余增量是他们减少的支付量，它等于矩形 BCED 的面积。第二，一些新的买者进入市场，因为他们愿意以降低后的价格购买该物品，于是市场需求量从 Q_1 增加到 Q_2。这些新买者的消费者剩余是三角形 CEF 的面积。

（a）价格为 P_1 时的消费者剩余

（b）价格为 P_2 时的消费者剩余

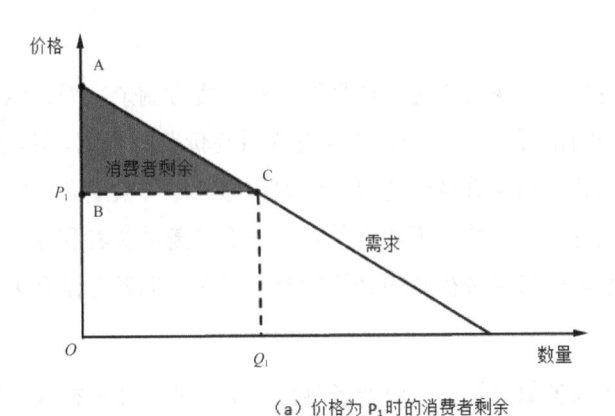

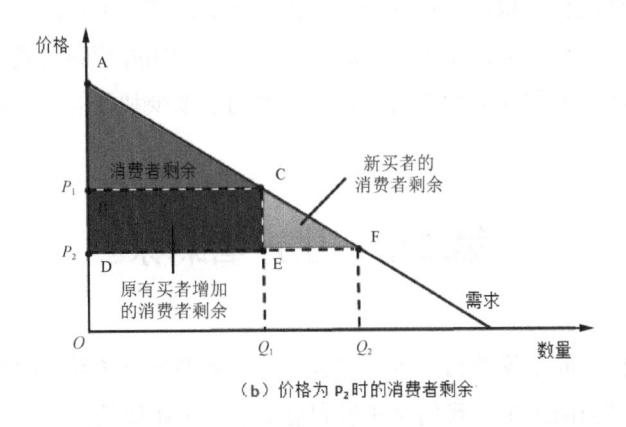

图 3-3　价格如何影响消费者剩余

四、消费者剩余衡量什么

我们提出消费者剩余概念的目的是对市场结果的合意性做出规范性判断。在了解了消费者剩余后,接下来我们再来看看,它是不是衡量经济福利的一个好的标准。

假设你是一个决策者,正在努力设计一种好的经济制度。你会关心消费者剩余的量吗?消费者剩余,即买者愿意为一种物品支付的量减去他们实际支付的量,其衡量了买者从一种物品中得到的自己感觉到的利益。因此,如果决策者想尊重买者的偏好,那么消费者剩余不失为衡量经济福利的一种好的标准。

在某些情况下,决策者可能选择不关心消费者剩余,因为他们不尊重某些驱动买者行为的偏好。例如,吸烟者愿意支付高价获得香烟。但我们并不认为,吸烟者可以从低价购买香烟中能得到巨大利益(尽管吸烟者可能会这样认为)。从社会的角度看,这种情况下的支付意愿并不是衡量买者利益的好的标准,消费者剩余也不是衡量经济福利的好的标准,因为吸烟者并没有关心自己的最佳利益。

但是,在大多数市场上,消费者剩余确实反映了经济福利。经济学家通常假设,买者在进行决策时是理性的。在机会既定的情况下,理性的买者会尽最大努力实现其目标。经济学家通常还假设,人们的偏好应该得到尊重。在这种情况下,买者是他们从自己购买的物品中得到了多少利益的最佳裁判。

第二节 生产者剩余

现在我们转向市场的另一方,来看看卖者从参与市场活动中得到的利益。我们对卖者利益的分析与我们对买者利益的分析是相似的。

一、成本与销售意愿

现在假设你是一个房屋的所有者,想给你的房子刷漆。你找到了四个提供刷漆服务的卖者:小李、小王、小张和小陈。如果价格合适,每个油漆工都愿意为你工作。你决定让这四个油漆工竞价,并把这项工作给予愿意以最低价格做这项工作的油漆工。

如果得到的价格超过了从事这项工作的成本,那么每个油漆工都愿意接受这项工作。在这里,"成本"这个术语应该解释为油漆工的机会成本,它包括油漆工的直接支出(油漆、刷子等)和油漆工对其劳动及所用时间的评价。表3-2表示每个油漆工的成本。由于一个油漆工的成本是其愿意接受这份工作的最低价格,所以成本衡量其出售服务的意愿。每个油漆工都希望以高于其成本的价格出售服务,拒绝以低于其成本的价格出售服务,而对价格正好等于其成本时出售服务持无所谓的态度:无论是得到这份工作还是把时间和精力用于另一件事情,他都同样满意。

表3-2 四个卖者的成本

卖者	成本/元
小李	900
小王	800
小张	600
小陈	500

当你用竞价选择油漆工时,价格开始时可能很高,但由于油漆工的竞争,价格很快下降。一旦小陈报出了600元的价格(或者略低一点),他就是唯一留下来的竞价者。小陈很高兴以600元的价格从事这项工作,因为其成本仅仅是500元。小李、小王和小张不愿意以低于600元的价格从事这项工作。需要注意的是,工作最后属于能以最低价格从事这项工作的油漆工。

小陈从这项工作中得到了什么利益呢?由于他愿意以500元从事这项工作,而实际得到了600元,我们说其得到了100元的生产者剩余。生产者剩余是卖者得到的量减去其生产成本。生产者剩余衡量的是卖者从参与市场活动中得到的利益。

现在我们考虑另一个与其略有点不同的例子。假设你有两间房子需要刷漆，你又向四个油漆工拍卖这份工作。为了简单起见，我们假设没有一个油漆工能为两间房子刷漆，而且你将对两间房子的刷漆服务支付同样的钱。因此，价格要一直下降到两个油漆工离开为止。

在这种情况下，当小张和小陈都愿意以 800 元（或略低一点）的价格从事这项工作时，小李和小王不愿再报出更低的价格了。在价格为 800 元时，小陈得到了 300 元的生产者剩余，而小张得到了 200 元的生产者剩余。市场上的总生产者剩余是 500 元。

二、用供给曲线衡量生产者剩余

正如消费者剩余与需求曲线密切相关一样，生产者剩余也与供给曲线密切相关。为了说明它们之间的关系，我们继续沿用前面的例子。

我们首先根据四个油漆工的成本做出提供刷漆服务的供给表。图 3-4 中的表格是与表 3-2 中的成本相对应的供给表。如果价格低于 500（含 500）元，四个油漆工没有人愿意从事这项工作，因此供给量是 0；如果价格为 500～600（含 600）元，只有小陈愿意从事这项工作，因此供给量是 1；如果价格为 600～800（含 800）元，小陈和小张愿意从事这项工作，因此供给量是 2；以此类推。因此，可以根据四个油漆工的成本推导出供给表。

图 3-4 中的图形表示与这个供给表相对应的供给曲线。要注意供给曲线的高度与卖者的成本相关。在要刷漆的房子数量确定的情况下，供给曲线给出的价格代表边际卖者的成本。边际卖者是如果价格再降低一点就会离开市场的卖者。例如，在房子数量为 4 时，供给曲线对应的刷漆房子的价格是 900 元，即小李（边际卖者）提供刷漆服务的成本。在房子数量为 3 时，供给曲线对应的刷漆房子的价格是 800 元，即小王（现在的边际卖者）提供刷漆服务的成本。

价格/元	卖者	供给量/间
900 以上	小李，小王，小张，小陈	4
800～900（含 900）	小王，小张，小陈	3
600～800（含 800）	小张，小陈	2
500～600（含 600）	小陈	1
500 以下（含 500）	无	0

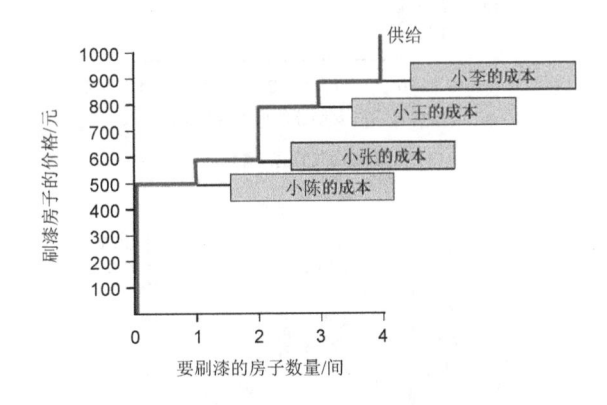

图 3-4　供给表和供给曲线

由于供给曲线反映了卖者的成本，因此我们可以用它来衡量生产者剩余。图 3-5 用供给曲线计算了两个例子中的生产者剩余。在图 3-5（a）中，我们假设价格是 600 元（或略低一点）。在这种情况下，供给量是 1。要注意的是，600 元价格以下、供给曲线以上的面积等于 100 元。这个数量正好是我们计算的小陈的生产者剩余。

图 3-5（b）表示价格为 800 元（或略低一点）时的生产者剩余。在这种情况下，800 元价格以下、供给曲线以上的面积等于两个矩形的总面积。在这一价格时，小张的生产者剩余为 200 元，小陈的生产者剩余为 300 元，总面积等于 500 元，即我们前面计算的当有两间房子需要刷漆时，小张和小陈的生产者剩余之和。

从两个例子中得到的结论适用于所有供给曲线：价格以下、供给曲线以上的面积可以代表一个市场上的生产者剩余。这里的逻辑是很直观的：供给曲线的高度代表卖者的成本，而价格和成本之间的差额就是每个卖者的生产者剩余。因此，价格以下、供给曲线以上的总面积是所有卖者的生产者剩余的总和。

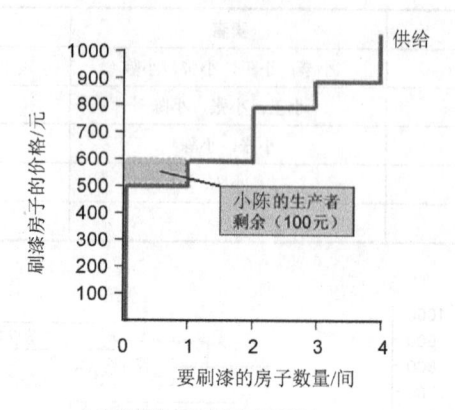

（a）价格为600元的生产者剩余

（b）价格为800元的生产者剩余

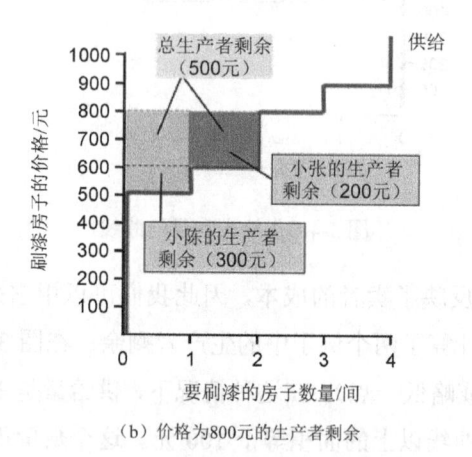

图 3-5　用供给曲线衡量生产者剩余

三、价格上升如何增加生产者剩余

卖者总想使他们的物品卖个好价钱，但是价格上升会使卖者的利益增加多少呢？我们可以用生产者剩余的概念来回答这个问题。

图 3-6 表示一条在有许多卖者的市场上出现的典型的向右上方倾斜的供给曲线。尽管这条供给曲线在形状上与前面图中的供给曲线不同，但我们可以用同样的方法来衡量生产者剩余：生产者剩余是价格以下、供给曲线以上的面积。在图 3-6（a）中，当价格是 P_1 时，生产者剩余是三角形 ABC 的面积。

假设价格从 P_1 上升到 P_2,如图 3-6(b)所示,现在的生产者剩余等于三角形 ADF 的面积。生产者剩余的增加部分由两部分组成。第一,在较低价格 P_1 时就已经出售 Q_1 物品的卖者由于现在该物品卖到了更高的价格而获得的利益增加。原有卖者的生产者剩余的增量等于矩形 BCED 的面积。第二,一些新的卖者进入市场,因为他们愿意以较高的价格生产物品,这就使供给量从 Q_1 增加到 Q_2。这些新卖者的生产者剩余是三角形 CEF 的面积。

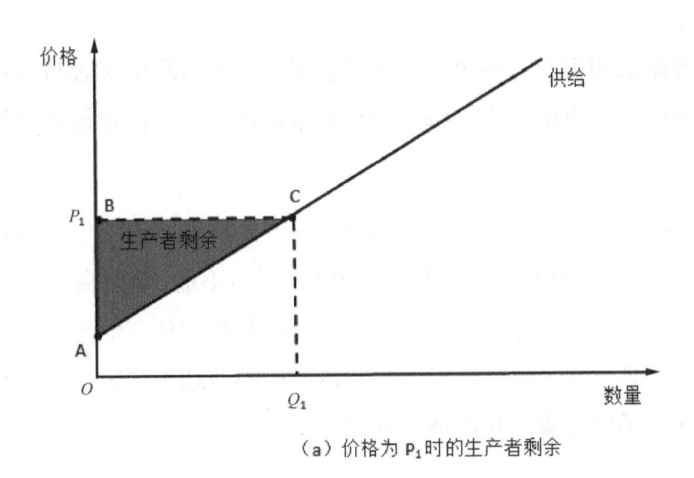

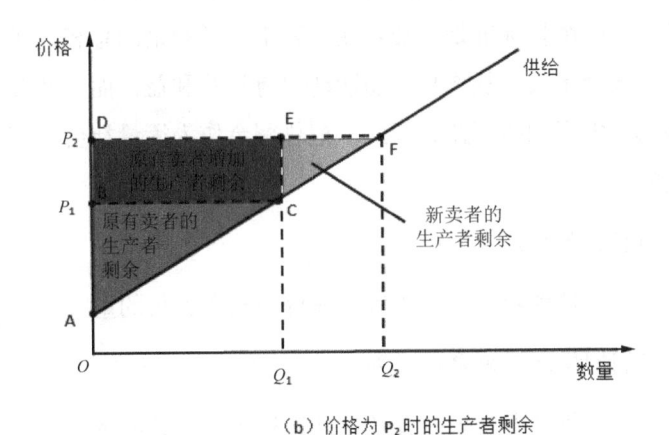

(a)价格为 P_1 时的生产者剩余

(b)价格为 P_2 时的生产者剩余

图 3-6 价格如何影响生产者剩余

正如这种分析所表明的,我们采用与之前用消费者剩余衡量买者的利益大体相同的方法，用生产者剩余来衡量卖者的利益。由于衡量这两种经济福利的标准比较相似，所以同时使用它们也很好切入。而且，实际上这也正是我们在本章第三节要做的事。

第三节 市场效率

消费者剩余和生产者剩余是经济学家用来研究市场中买者与卖者福利的基本工具。这些工具有助于我们解决一个基本问题：由自由市场决定的资源配置是合意的吗？

为了评价市场结果，我们在分析中引入一个假设的新角色，称其为仁慈的社会计划者。仁慈的社会计划者是无所不知、无所不能、意愿良好的"独裁者"。这个计划者的目标是使社会上每个人的经济福利最大化。他应该怎么做呢？他是应该放任买者与卖者自然而然地根据自己的利益达到均衡呢，还是应该以某种方式改变市场结果来增加经济福利呢？

为了回答这个问题，仁慈的社会计划者首先必须决定如何衡量社会的经济福利。一种可能的衡量标准是消费者剩余和生产者剩余的总和，我们称之为总剩余。消费者剩余是买者从参与市场活动中得到的利益，而生产者剩余是卖者从参与市场活动中得到的利益。因此，把总剩余作为衡量社会经济福利的标准是较为合适的。

我们把消费者剩余定义为：

消费者剩余＝买者的评价－买者支付的量

同样，我们把生产者剩余定义为：

生产者剩余＝卖者得到的量－卖者的成本

当我们把消费者剩余和生产者剩余相加时，得出：

总剩余＝（买者的评价－买者支付的量）＋（卖者得到的量－卖者的成本）

买者支付的量等于卖者得到的量,因此这个公式里中间的两项可以相抵。因此,可得出:

总剩余＝买者的评价－卖者的成本

即市场的总剩余是用买者支付意愿衡量的买者对物品的总评价减去卖者提供这些物品的总成本。

如果资源配置使总剩余最大化,我们就说这种配置是有效率的。如果一种配置是无效率的,那么买者和卖者之间交易的一些潜在的利益就还没有实现。例如,如果一种物品不是由成本最低的卖者生产的,配置就是无效率的。因为在这种情况下,将生产从高成本生产者转给低成本生产者就会降低卖者的总成本并增加总剩余。同样,如果一种物品不是由对这种物品评价最高的买者消费的,配置也是无效率的。因为在这种情况下,将该物品的消费从评价低的买者转给评价高的买者就会提高买者的总消费并增加总剩余。

除效率之外,社会计划者还应该关心平等——市场上的各个买者与卖者是否有相似的经济福利水平。在本质上,从市场贸易中获得的利益就像一块要在市场参与者间分配的蛋糕。效率问题涉及的是蛋糕是否尽可能地做大。平等问题涉及的是如何把这块蛋糕切成小块,以及如何在社会成员中进行分配。在本章中,我们的分析集中在仁慈的社会计划者的目标之一——效率上。但要记住,真正的决策者往往也关心平等。

新闻透视

2014年暑期出境游价格普涨20%左右,欧洲游火爆

修学游、毕业游、亲子游……进入暑期,福州的旅游市场就跟天气一样同步"热"了起来。记者从福州多家旅行社了解到,暑期出境长线游报名已全面开启,价格普涨了20%左右。其中,福州市场的欧洲游今年格外火爆,虽然价格上涨,但提前两个月就已满额。

"今年暑期的欧洲游格外火,8月出发的团队现在就已报满,相比往年提前

了不少时间,这有点意外。"福建康辉旅行社出境部人士称,其实欧洲游最佳的出行时间是每年的4、5月份,性价比也高。相比淡季,暑期欧洲游上涨了2000多元。在暑期旅游旺季,出境长线游报价普遍上涨了2500元,而美洲游、澳洲游也普遍上涨了1000元左右。福建省中国旅行社的相关人士也表示,暑期是一年当中的旅游旺季,即便价格上涨,报名参加欧洲游的人数比2013年同期仍上涨了不少。在长线游方面,美洲游、澳洲游的报名情况也不错。

除提前升温的出境长线游外,2014年备受冷落的东南亚短线游有一些回暖迹象,不过与往年的火热相比还是差距甚远。近期,福州赴泰游人数开始上升。"前两天,一天就发了5个团,人数有100多人,暑期预计会有更多人前往。"福建康辉旅行社人士表示,往年一天会发7~8个团,所以今年还是和往年有差距。此外,前往菲律宾的团队游依旧冷清。

而今年东南亚旅游的遇冷,反而成全了日韩旅游的迅速上升。福州一些旅行社以增加酒店采购、机位甚至包机的形式来应对暑假赴日韩旅游的客流高峰。"暑期赴韩国的邮轮游,目前报名已接近80%。"有业内人士认为,日本、韩国游报价在3000~5000元,价格和东南亚游相差不大,加上目前政局稳定,预计暑期会受到不少游客的青睐。

(资料来源:旅游咨询,重庆中国青年旅行社渝中区新华国际分社,欣欣旅游网,2014年6月16日)

【关联理论】

市场上每个潜在买者对一种物品都有某种支付意愿,这种支付意愿是买者愿意为某种物品支付的最高价格。而消费者剩余指的是买者的支付意愿减去其实际支付的量,在福利经济学中,可以用其来衡量买者从参与市场活动中得到的利益。假如商品的价格不发生变化,一旦买者的支付意愿提高,买者就可以获得更多的消费者剩余。但在买者的支付意愿提高的情况下,卖者也可能会相应提高商品价格,从而想方设法地把消费者剩余转化为卖方利润。由此我们可以深入理解消费者剩余的去向。

【新闻评价】

　　消费者剩余理论在现实生活中具有广泛的应用。透过上述新闻，我们不禁要问，为什么暑期出境游价格会普涨20%左右？进入暑期，在修学游、毕业游、亲子游等旅游市场中，游客对欧洲游的支付意愿明显提高。按道理，如果旅行社不提高旅游服务价格，游客的消费者剩余就会增加。然而，在暑期旅游旺季，多家旅行社提高了旅游服务价格，不仅欧洲游上涨了2000多元，美洲游和澳洲游也普遍上涨了1000元左右。由于对游客支付意愿了如指掌，旅行社在将消费者剩余转化为卖方利润的同时，仍然不用担心报名参加欧洲游人数下跌的问题。而现实确实如此，即便价格上涨，报名参加欧洲游的人数比去年同期仍上涨了。在长线游方面，美洲游、澳洲游的报名情况也不错。总而言之，这则新闻说明了一个道理，即在买者支付意愿提高的情况下，卖者可能通过提高商品价格的方式"剥夺"一部分消费者剩余。

　　其实，卖者想方设法将消费者剩余转化为利润的例子在日常生活中还有很多。例如，某消费者在水果摊看到刚上市的草莓，新鲜饱满的草莓激起他强烈的购买欲望，并且这种欲望溢于言表。水果摊主看到消费者看中了他的草莓，就可能会考虑报出更高的价格。从理论上分析，消费者对草莓的较强的购买欲望表明他愿意支付更高的价格，从而有更多的消费者剩余。当消费者询问价格时，水果摊主可能会故意提高价格。由于消费者剩余较多，或许消费者对这个高价还比较满意，可能会毫不犹豫地买下草莓。结果，消费者剩余就转化为水果摊主的利润。相比之下，就对消费者支付意愿的判断而言，卖草莓的水果摊主主要是基于察言观色，而欧洲游的旅行社则是基于长期的旅游人数统计和分析，两者只是采取的方法有所不同而已。

课外习题

一、术语解释

1. 消费者剩余

2. 生产者剩余

3. 总剩余

二、单项选择

1. 消费者剩余是消费者的（　　）。

    A. 实际所得
    B. 主观感受
    C. 没有购买的部分
    D. 消费剩余部分

2. 消费者剩余是（　　）。

    A. 在需求曲线以上、价格以下的面积
    B. 在需求曲线以下、价格以上的面积
    C. 在供给曲线以上、价格以下的面积
    D. 在供给曲线以下、价格以上的面积

3. 生产者剩余是（　　）。

    A. 在需求曲线以上、价格以下的面积
    B. 在需求曲线以下、价格以上的面积
    C. 在供给曲线以上、价格以下的面积
    D. 在供给曲线以下、价格以上的面积

4. 总剩余是（　　）。

    A. 在需求曲线以下、供给曲线以上的面积
    B. 在需求曲线以下、价格以上的面积
    C. 在供给曲线以上、价格以下的面积
    D. 以上说法都不对

5. 如果一个买者对一辆福特汽车的支付意愿是 200000 元，而他实际以 180000 元买到了这辆车，他的消费者剩余是（　　）。

    A. 0 元
    B. 20000 元
    C. 180000 元
    D. 200000 元

6. 如果一个卖者对一辆大众汽车的生产成本是 160000 元，而其实际以 180000 元卖出了这辆车，则他的生产者剩余是（　　）。

A. 0 元　　　　　　　　　B. 20000 元

C. 180000 元　　　　　　 D. 200000 元

7. 假设有三个相同的篮球。买者 1 愿意为一个篮球支付 300 元，买者 2 愿意为一个篮球支付 250 元，买者 3 愿意为一个篮球支付 200 元。如果价格是 250 元，将卖出多少个篮球？这个市场上的消费者剩余是多少？（　　）。

A. 将卖出 1 个篮球，消费者剩余为 300 元

B. 将卖出 1 个篮球，消费者剩余为 50 元

C. 将卖出 2 个篮球，消费者剩余为 50 元

D. 将卖出 3 个篮球，消费者剩余为 0 元

8. 假设一辆新自行车的价格是 300 元，你对一辆新自行车的评价是 400 元，卖者生产一辆自行车的成本是 200 元。如果你购买一辆新自行车，总剩余值是（　　）。

A. 100 元　　　　　　　　B. 200 元

C. 300 元　　　　　　　　D. 400 元

三、应用题

在一个大热天，小李感到口渴难耐，想买瓶装水喝。他对瓶装水的评价如下：第一瓶水的价值为 7 元，第二瓶水的价值为 5 元，第三瓶水的价值为 3 元，第四瓶水的价值为 1 元。如果一瓶水的价格为 4 元，小李会买几瓶水？小李从他的购买行为中得到多少消费者剩余？为什么？

第四章
国内生产总值

【教学目标】

1. 领会为什么一个整体经济中的总收入等于其总支出。

2. 理解国内生产总值（GDP）的定义，掌握 GDP 按总支出角度划分的 4 个组成部分。

3. 学会对 GDP 这一衡量经济福利的指标进行公正评价。

当你毕业后开始找工作时，你的经历在很大程度上会受当时经济状况的制约。在一些年份，企业扩大其物品与服务的生产，就业增加，你会很容易找到一份满意的工作；而在另外一些年份，企业削减生产，就业减少，你要花费很长时间才能找到一份满意的工作。毫不奇怪，任何一个大学毕业生都愿意在经济扩张的年份寻找工作，而不愿意在经济收缩的年份寻找工作。

因为整体经济的健康深深地影响着我们每个人，所以新闻媒体总是会及时报道经济状况的变动。实际上，我们在翻阅报纸、浏览网上新闻或观看电视时都会看到新发布的经济统计数字。这些统计数字可以衡量经济中所有人的总收入（国内生产总值，即 GDP）、平均物价上升或下降的比率（通货膨胀或通货紧缩）、劳动力中失去工作的人所占的百分比（失业率）、商店的总销售额（零售额），或者我国与世界其他国家之间贸易的不平衡量（贸易顺差或逆差）。所有这些统计数字都是有关宏观经济的，它们告诉我们的不是某个家庭、企业或市场的情况，而是整体经济的情况。

宏观经济学研究的是整体经济，其目标是解释同时影响许多家庭、企业和市场的经济变化。宏观经济学家解决各种各样的问题：为什么一些国家的平均收入高，而另外一些国家的平均收入低？为什么物价有时上升迅速，而在另外一些时候较为稳定？为什么生产和就业在一些年份扩张，而在另外一些年份收缩？如果可能的话，政府可以用什么方法来促进收入迅速增长、通货膨胀率降低和就业稳定呢？这些问题在本质上都属于宏观经济的范畴，因为它们都涉及整体经济的运行。

因为整体经济是许多市场中相互影响的许多家庭和企业的集合，所以微观经济学和宏观经济学密切相关。例如，供给和需求既是微观经济分析的中心，又是宏观经济分析的中心。

本章考察的是国内生产总值，即 GDP，它衡量的是一国的总收入。GDP 是非常受瞩目的经济统计数字，因此它被认为是衡量经济福利的好的指标。

第一节　经济的收入与支出

如果你要判断一个人在经济上是否成功，首先要看他的收入。高收入者负担得起生活的必需品和奢侈品，其享有较高的生活水平，如拥有比低收入者更好的住房、更好的医疗、更豪华的汽车及更多的休假等。

同样的逻辑也适用于一个国家的整体经济。当判断一个国家是富裕还是贫穷时，首先会考察该国所有人的总收入。这正是 GDP 的作用。

GDP 同时衡量两件事：整体经济中所有人的总收入和用于经济中物品与服务的总支出。而这两件事实际上是相同的，所以说 GDP 既衡量总收入又衡量总支出。对整体经济而言，收入必定等于支出。

为什么这样说呢？收入和支出相同的原因就是每一次交易都有两方：买者和卖者。某个买者的 10 元支出正是某个卖者的 10 元收入。例如，小李为小王给她修剪草坪而支付 100 元。在这种情况下，小王是服务的卖者，而小李是服务的买者。小王赚了 100 元，而小李支出了 100 元。因此，交易对经济的收入和支出做出了相同的贡献。无论是作为总收入来衡量还是作为总支出来衡量，GDP 都增长了 100 元。

图 4-1 所示的循环流量图是说明收入和支出相等的另一种方法。这个图通过假设所有物品与服务由家庭购买，而且家庭支出了他们的全部收入，使问题简单化了。在这个经济中，当家庭从企业购买物品与服务时，这些支出通过物品与服务进行市场流动。当企业反过来用从销售中得到的收入来支付工人的工资、土地所有者的租金和企业所有者的利润时，这些收入通过生产要素进行市场流动。货币不断地从家庭流向企业，然后又流回家庭。

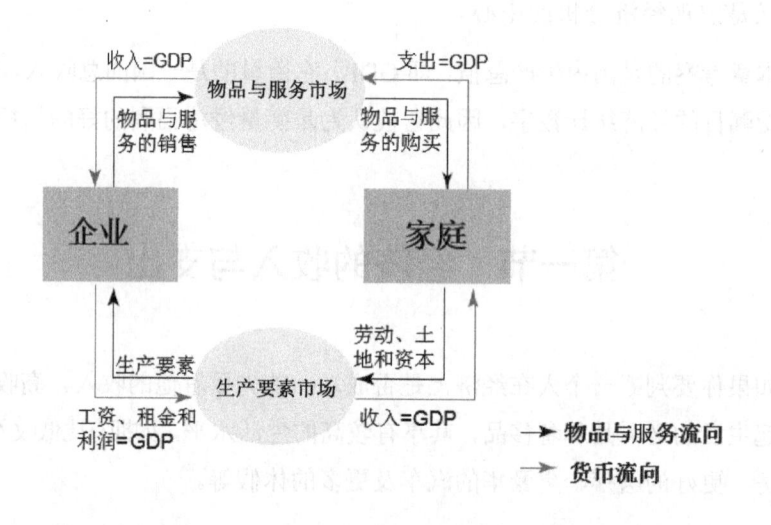

图 4-1 循环流量图

GDP 衡量的是货币的流量。我们可以用两种方法中的一种来计算 GDP：加总家庭的总支出或加总企业支付的总收入（工资、租金和利润）。由于经济中所有的支出最终要成为某些人的收入，所以无论我们如何计算，GDP 都是相同的。

当然,现实经济比图 4-1 所说明的经济要复杂得多。家庭并没有支出其全部收入:家庭要把他们的部分收入用于支付政府税收,还要为了未来使用而把部分收入用于储蓄。此外,家庭并没有购买经济中生产的全部物品与服务:一些物品与服务是由政府购买的,还有一些是由计划未来用这些物品与服务生产自己产品的企业购买的。但基本经验是相同的:无论是家庭、政府还是企业购买物品或服务,交易总有买者与卖者。因此,对整体经济而言,支出和收入总是相同的。

第二节　GDP 的定义

我们已经在一般意义上讨论了 GDP 的含义,现在可以具体说明其定义。GDP 可以这样定义:GDP 是在某一既定时期一个国家内生产的所有最终物品与服务的市场价值。

这个定义看似非常简单。但实际上,在计算一个经济的 GDP 时出现了许多微妙的问题。因此,我们来仔细探讨这个定义中的每一个词。

一、"……市场价值"

你也许听过一句话:"你无法比价苹果与橘子。"但 GDP 可以对两者进行比价。GDP 要把许多种不同物品加总为一个经济活动价值的衡量指标。为了达到这个目的,它使用了市场价格。因为市场价格衡量的是人们愿意为各种不同物品支付的量,所以市场价格反映了这些物品的价值。如果一个苹果的价格是一个橘子价格的 2 倍,那么一个苹果对 GDP 的贡献就是一个橘子的 2 倍。

二、"……所有……"

GDP 要成为全面的衡量指标,它包括在经济中生产并在市场上合法出售的所有东西。GDP不仅衡量苹果和橘子的市场价值，还衡量梨和葡萄、书和电影、理发和医疗等的市场价值。

GDP还包括由经济中住房存量提供的住房服务的市场价值。就租赁住房而言，这种价值很容易计算——租金既等于房客的支出，又等于房东的收入。但许多人对自己所住的房子享有所有权，因此并不付租金。政府通过估算租金而把这种自有房产的价值包括在GDP中。实际上，GDP是基于这样一种假设：所有者将房屋出租给自己，隐含的租金既包括在房东的支出中，又包括在其收入中，因此也将它纳入GDP。

但是，还有一些物品没有纳入GDP，因为衡量这些物品的价值十分困难。GDP不包括非法生产与销售的东西，如毒品。GDP也不包括在家庭内生产和消费的，没有进入市场的东西。例如，你在超市买的蔬菜纳入GDP，但你在自己院子里种的蔬菜不会纳入GDP。

这些没有包括在GDP中的东西有时会引起一些奇妙的结果。例如，当小李为小王给她修剪草坪而进行支付时，这种交易是GDP的一部分。但如果小李和小王结婚了，情况就变了。尽管小王仍然会为小李修剪草坪，但修剪草坪的价值就不属于GDP了，因为小王的服务不再在市场上出售。因此，如果小李和小王结婚了，GDP就减少了。

三、"……最终……"

当国际纸业公司生产出纸，Hallmark公司用这种纸来生产贺卡时，纸被称为中间物品，而贺卡被称为最终物品，而GDP只包括最终物品的价值。这是因为中间物品的价值已经包括在最终物品的价值中了。把纸的市场价值与贺卡的市场价值相加就会重复计算，即把纸的价值计算了两次。

当生产出来的一种中间物品没有被使用，而是增加了企业以后使用或出售的存货时，这个原则就出现了一个重要的例外。在这种情况下，中间物品被暂时作为"最终"物品，其价值作为存货投资成为GDP的一部分，而当存货中的物品以后被使用或出售时，再从GDP中扣除。

四、"……物品与服务……"

GDP 既包括有形的物品（如食物、衣服、汽车），又包括无形的服务（如理发、打扫房屋、看病）。当你购买了最喜爱的乐队的 CD 时，你购买的是一种物品，其购买价格是 GDP 的一部分；当你花钱去听同一个乐队的音乐会时，你购买的是一种服务，其票价也是 GDP 的一部分。

五、"……生产的……"

GDP 包括现期生产的物品与服务。它不包括涉及过去生产的物品与服务的交易。当福特汽车公司生产并销售一辆新汽车时，这辆汽车的价值包括在 GDP 中。而当一个人把一辆二手车出售给另一个人时，二手车的价值则不包括在 GDP 中。

六、"……一个国家内……"

GDP 衡量的生产价值局限于一个国家的地理范围之内。当一个加拿大公民暂时在我国工作时，他的产出就是我国 GDP 的一部分。当我国的一个公民在海地拥有一个工厂时，这个工厂的产出不是我国 GDP 的一部分（它是海地 GDP 的一部分）。因此，如果物品与服务是在某个国家生产的，无论生产者的国籍如何，该物品与服务都包含在该国的 GDP 之中。

七、"在某一既定时期……"

GDP 衡量的是某一特定时期内生产的价值，这个时期通常是一年或一个季度（三个月）。GDP 衡量的是这一时期内经济收入与支出的流量。

当政府公布一个季度的 GDP 时，它通常是按"年增长率"来计算 GDP 的。这意味着，所公布的季度 GDP 的数字是那个季度的收入与支出量乘 4。政府采用这种做法是为了更易于比较季度与年度的 GDP 数字。

此外，当政府公布季度 GDP 时，它提供的是用季度调整程序修改之后的数据。未经调整的数据会表明，一年中某个时期生产的物品与服务多于其他时期生产的物品与服务（如元旦前的购物旺季是一个高点）。当监测经济状况时，经济学家和决策者通常想撇开这些有规律的变动，因此政府统计学家会调整季度数据，以避开季度性周期。在新闻中公布的 GDP 数据总是进行季度调整后的数据。

现在我们再复习一下 GDP 的定义：其是在某一既定时期一个国家内生产的所有最终物品与服务的市场价值。

这个定义的中心是把 GDP 作为对经济中总支出的衡量。但是，不要忘记一种物品与服务的买者的支出都要变为这种物品与服务的卖者的收入。因此，除了运用这个定义，政府还可以加总经济中的总收入。计算 GDP 的两种方法得出了几乎完全相同的答案。为什么是"几乎"？尽管这两种计算方法应该是完全相同的，但数据来源并不完全。GDP 这两种计算结果之间的差额被称为统计误差。

显然，GDP 是衡量经济活动价值的一种复杂指标。在高级宏观经济学课程中，你将进一步了解由这两种计算方法所产生的细微差别。

第三节　GDP 的组成部分

经济中的支出有多种形式，它可以出现在任何时候。例如，小李一家人可能在某餐馆吃午饭；福特汽车公司可能建立一个汽车厂；海军可能获得一艘潜艇；而英国航空公司可能从美国波音公司购买一架飞机。GDP 包括用于国内生产的物品与服务的所有支出形式。

为了了解经济如何使用稀缺资源，经济学家研究了 GDP 在各种类型支出中的构成。GDP（用 Y 表示）被分为 4 个组成部分：消费（用 C 表示）、投资（用 I 表示）、政府购买（用 G 表示）和净出口（用 NX 表示）：

$$Y = C + I + G + NX$$

这个等式是一个恒等式——按等式中各个变量的定义,该等式必定恒成立。在这种情况下,因为 GDP 中的支出必定属于 GDP 的 4 个组成部分中的一个,所以 4 个组成部分的总和必然等于 GDP。现在我们来进一步考察这 4 个组成部分。

一、消费

消费是家庭除购买新住房之外用于物品与服务的支出。物品包括家庭购买的汽车和家电等耐用品,以及食品和衣服等非耐用品。服务包括理发和医疗等无形的东西。家庭用于教育的支出也包括在服务消费中(虽然有人认为教育更适合归于投资)。

二、投资

投资是对用于未来生产更多物品和服务的物品的购买。它是资本设备、存货和建筑物购买的总和。建筑物投资包括新住房支出。按习惯,新住房购买是被划入投资而不是划入消费的一种家庭支出形式。

正如本章前面所提到的,要注意存货累积的处理。当苹果公司生产了一台电脑但并不出售它,而是将它加到其存货中时,则假设自己"购买了"这台电脑。也就是说,国民收入会计师会把这台电脑作为苹果公司投资支出的一部分来处理。如果苹果公司以后卖出了存货中的这台电脑,这时其存货投资就将是负的,从而抵消了买者的正支出。用这种方法处理存货是因为 GDP 衡量的是经济生产的价值,而增加到存货中的物品是这个时期内生产的一部分。

要注意的是,GDP 计算中用的投资这个词不同于我们平时所说的金融投资,如股票、债券及共同基金。与此相反,由于 GDP 衡量的是对物品与服务的支出,因此这里的投资是指购买未来用于生产其他物品的物品(如资本设备、存货和建筑物)。

三、政府购买

政府购买包括各级政府用于物品与服务的支出。它包括政府员工的薪水和用于公务的支出。

这里要对"政府购买"的含义进行说明。当政府为一位陆军将军或者中小学教师支付薪水时，这份薪水是政府购买的一部分。但是，当政府向一位老年人支付社会保障补助或者向刚刚被解雇的工人支付失业保险补助时，事情就完全不同了。这些政府支出被称为转移支付，因为它们并不用于交换现期生产的物品与服务。转移支付改变了家庭收入，但并没有反映经济的生产。从宏观经济的角度看，转移支付像负的税收。因为GDP要衡量来自物品与服务生产的收入和用于这些物品与服务生产的支出，所以转移支付不计入政府购买。

四、净出口

净出口等于外国对国内生产的物品的购买（出口）减去国内对外国生产的物品的购买（进口）。例如，美国波音公司向英国航空公司销售一架飞机，就增加了美国的净出口。

"净出口"中的"净"指用出口减去进口。之所以要减去进口，是因为GDP的其他组成部分包括进口的物品与服务。例如，假设英国一个家庭向美国汽车制造商福特公司购买了一辆价值4万美元的汽车。这场交易增加了4万美元的消费，因为购买汽车是消费支出的一部分。除此之外，它还减少了英国净出口4万美元，因为汽车是进口的。换句话说，净出口包括国外生产的物品与服务（符号为负），因为这些物品和服务包括在消费、投资和政府购买中（符号为正）。因此，当国内的家庭、企业或政府购买了国外的物品与服务时，这种购买就减少了净出口，但因为它还增加了消费、投资或政府购买，所以并不影响GDP。

第四节　GDP 是衡量经济福利的良好指标吗

人们普遍认为 GDP 是衡量社会经济福利的良好指标。现在我们了解了 GDP，那么就可以评价这种说法了。

正如我们已经说明的，GDP 既衡量经济的总收入，又衡量经济用于物品与服务的总支出。因此，人均 GDP 能够告诉我们经济中每个人的平均收入与支出。因为大多数人想要得到更高的收入并有更高的支出，所以人均 GDP 自然就成为衡量经济福利的指标。

但有些人对 GDP 作为经济福利衡量指标的正确性还是持有异议的。当美国参议员罗伯特·肯尼迪在 1968 年竞选总统时，他慷慨激昂地批评了这种经济福利衡量指标："（GDP）并没有考虑到我们孩子的健康、他们接受的教育质量，或者他们做游戏的快乐。它也没有包括我们的诗歌之美和婚姻的稳定，以及我们关于公共问题争论的智慧和我们公务员的廉正。它既没有衡量我们的勇气、我们的智慧，也没有衡量我们对国家的热爱。简言之，它衡量一切，但并不包括使我们的生活有意义的东西；它可以告诉我们关于美国人的一切，但没有告诉我们为什么我们以做一个美国人而骄傲。"

罗伯特·肯尼迪所说的话大部分是正确的。那么，为什么我们还要关注 GDP 呢？

答案是，GDP 高实际上有助于我们过上好的生活。GDP 没有衡量我们孩子的健康，但 GDP 高的国家能够为孩子提供更好的医疗；GDP 没有衡量孩子们接受的教育质量，但 GDP 高的国家能够提供更好的教育体系；GDP 没有衡量我们的诗歌之美，但 GDP 高的国家可以教育更多公民去阅读和欣赏诗歌；GDP 没有衡量我们的勇气、智慧和对国家的热爱，但当人们不用过多关心是否能够负担得起生活的物质必需品时，这一切美好的品性也容易养成。简言之，虽然 GDP 没有直接衡量这些使生活更美好的东西，但它确实衡量了我们获得美好生活的能力。

然而，GDP并不是衡量经济福利的完美指标。对美好生活做出贡献的某些东西并没有包含在GDP中，其中一种就是闲暇。例如，假设经济中的每个人突然开始每天都工作，而不是在周末享受闲暇，这将生产更多的物品与服务，GDP肯定会增长。虽然GDP增长了，但我们不应该得出每个人状况更好的结论。减少闲暇引起的福利损失抵消了人们从生产并消费更多的物品与服务中所获得的福利利益。

因为GDP是用市场价格来评价物品与服务的，所以它几乎未包括所有在市场之外进行的活动的价值，特别是GDP漏掉了在家庭中生产的物品与服务的价值。当厨师做出美味佳肴并将其在餐馆出售时，这顿饭的价值是GDP的一部分，但如果厨师为他的家人做一顿同样的饭，那么他增加到原材料中的价值并不属于GDP；同样，幼儿园提供的对孩子的照顾是GDP的一部分，而父母在家照顾孩子就不是；义工也为社会福利做出了贡献，但GDP并不反映这些贡献。

GDP没有包括的另一种东西是环境质量。设想政府取消了所有环境管制，那么企业就可以不考虑它们引起的污染而无节制地生产物品与服务。这时，虽然GDP会增加，但经济福利很可能会下降。空气和水质量的恶化导致的福利损失要大于生产更多物品与服务所带来的福利利益。

GDP也没有包括收入分配。一个由100个每年收入为5万美元的人组成的社会，其GDP为500万美元，人均GDP为5万美元；一个由10个每年收入为50万美元的人和90个一无所有的人组成的社会，其GDP也为500万美元，人均GDP同样为5万美元。但很少有人在考虑这两种情况时认为它们是不同的。人均GDP告诉我们平均每个人的情况，但平均量的背后是个人的巨大差异。

最后，我们可以得出这样一个结论：大多数情况下，不是针对所有情况而言，GDP是衡量经济福利的一个良好指标。但重要的是，要记住GDP包括了什么，而又遗漏了什么。

🌐 新闻透视

GDP 的增长不能以破坏环境为代价

从国家统计局公布的《2012 年中国经济年报》中，人们欣喜地看到，人均 GDP 突破 1 万美元大关的省份又多了 3 个，它们分别是浙江、江苏和内蒙古。连同北京、上海和天津三个直辖市，我国已经有 6 个省份或直辖市的人均 GDP 超过了 1 万美元。

人均 GDP 达到或超过 1 万美元，在一个地区的经济发展中具有里程碑式的意义。它是我们努力摆脱"中等收入陷阱"的历史见证，也是未来全面建成小康社会的必要基础。

按照世界银行的标准，2010 年中低收入经济体的人均收入为 1006～3975 美元；中高收入经济体的人均收入为 3976～12275 美元；高收入经济体的人均收入为 12276 美元以上。我国一些经济发达地区正在向高收入台阶迈进。

但是，进入 2013 年以来，连续的雾霾天气让这些成绩单大打折扣。雾霾无情地揭示了环境承受的巨大压力，而环境和生态代价并未计入经济统计数据。以 2013 年 1 月 29 日为例，受雾霾影响，北京、天津、石家庄、济南等城市的空气质量为六级，属严重污染；郑州、武汉、西安、合肥、南京、沈阳、长春等城市的空气质量为五级，属重度污染。

目前，我国有关环境污染对经济影响的量化研究尚不充分。2013 年 1 月 28 日，我国气象局首次将 PM2.5 作为发布霾预警的重要指标之一，并于次日两度发布霾黄色预警。北京大学公共卫生学院发布的《PM2.5 的健康危害和经济损失评估研究》报告显示，2010 年，北京、上海、广州、西安因 PM2.5 污染分别造成早死人数达数千人，经济损失达数十亿元。而这些仅是由于 PM2.5 污染带来的早死导致的经济损失，并未包括由于 PM2.5 污染带来的患病造成的治疗损失、工作日损失、学习日损失等。可见，PM2.5 污染已经给城市居民的公共健康带来了巨大影响，是经济社会可持续发展的负能量。

监测数据表明，我国中东部地区的雾霾污染面积一度达到 143 万平方千米，而被雾霾笼罩的广大地区也是我国经济的活跃地带。这就提出了一个严肃的问题：经济发展与环境保护应该是怎样的关系？是先发展后治理，还是边发展边治理，抑或只管发展而不予治理？

严重的雾霾警醒了中国式的经济增长。在令人鼓舞的人均 GDP 增长数据面前，我们不应该沾沾自喜，而是要多几分清醒，认清所面临的挑战。我国已具备了跨越中等收入陷阱、冲击高收入国家门槛的基础，但对环境污染和生态破坏的代价亦不能视而不见。除大气污染外，水污染、土壤污染等均与人们的生活质量息息相关。罔顾污染给人民群众造成的危害而片面追求经济增长，这样的增长是缺少质量的增长，其增长效益也必然大打折扣。

中国共产党第十八次全国代表大会提出"全面落实经济建设、政治建设、文化建设、社会建设、生态文明建设五位一体总体布局"。如何将经济建设和生态文明建设有机融合，不断开拓生产发展、生活富裕、生态良好的文明发展道路，成为摆在每一位决策者、企业公民和普通百姓面前的必选课题。

（资料来源：人民网—财经频道，2013 年 2 月 1 日）

【关联理论】

GDP 是衡量经济福利的一个良好指标，人均真实 GDP 高的国家往往有更好的教育体系、更好的医疗体系、更有文化的公民和更长的预期寿命。但 GDP 并不是衡量经济福利的一个完美指标，因为对美好生活做出贡献的很多东西并没有包含在 GDP 中，如环境质量。如果政府取消了所有环境管制，那么企业就可以不考虑它们引起的污染而无节制地生产物品与服务。最终导致的结果是，空气和水质量的恶化导致的福利损失要大于生产更多物品与服务所带来的福利利益，尽管 GDP 会增长，但国民福利也一定会下降。

【新闻评价】

GDP 是衡量经济福利的一个良好指标，但不是完美指标。因为 GDP 仅仅记录和反映以价格为条件的市场交易活动，也就是 GDP 只是反映了经济增长的数量，而不能反映经济增长的质量和经济发展水平。在一个工业社会中，经济总量的增长往往伴随着环境污染、城市噪声、交通拥堵的产生，GDP 作为一个经济增长的总量指标，由于没有考虑在生产过程中造成的环境污染和能源耗费所带来的损失，忽略了经济增长所付出的沉重代价，因此存在一定缺陷。

为了弥补 GDP 的这一缺陷，1997 年世界银行设计并推出了"绿色国内生产总值国民经济核算体系"，即将一国经济产出中的能源耗费和环境成本等记录于绿色账户，再将其从 GDP 中核减，从而算出绿色 GDP。绿色 GDP 是扣除了能源耗费、环境成本之后的国民财富，因此绿色 GDP 更为真实可靠。绿色 GDP 占 GDP 的比重越高，则表明一个国家经济增长的正面效应越大，而负面效应也就相应越小；反之，绿色 GDP 占 GDP 的比重越低，则表明一个国家经济增长的负面效应越大，而正面效应也就相应越小。绿色 GDP 是对 GDP 指标的一种调整。从保护环境的角度来说，启用绿色 GDP 的指标有助于一个国家加强对环境的保护。绿色 GDP 指标的提出，弥补了传统 GDP 在统计中的一些不足，其对于构建一个能充分反映经济产出过程中的能源耗费和环境成本的总量指标有积极的指导意义。

雾霾天气不仅给人们的出行带来了很大的困难，还容易造成交通事故，并对人们的健康与生命构成威胁。这使我们看到了治理环境污染的紧迫性，认识到了加强生态文明建设的必要性。对资源毫无顾忌地滥用，造成了环境的恶化、资源的枯竭，并导致了雾霾天气。雾霾天气频发给我们敲响了警钟，环境与每个人息息相关，经济发展再也不能走"先污染后治理"的老路，城市管理再也不能以"空气不好是小事"的心态来应对环境问题，居民生活再也不能只图自己方便，不管环境负担。只有形成节约资源和保护环境的空间格局、产业结构、生产方式和生活方式，从源头上扭转生态环境恶化的趋势，我们才可能拥有天蓝、地绿、水净、风清的美好家园。

课外习题

一、术语解释

1. 国内生产总值

2. 净出口

二、单项选择

1. 在下列经济活动中，能够对 GDP 中的投资产生影响的是（　　）。

   A. 一对新人购买了一套新房子

   B. 家庭购买了一辆电动车

   C. 买卖股票

   D. 自己用废旧材料在自家的院子里修建了一座凉亭

2. 某家庭主妇提供自助性家庭服务，那么她（　　）。

   A. 不创造新价值

   B. 创造新价值，但不创造 GDP

   C. 创造 GDP，但不创造新价值

   D. 既不创造 GDP，也不创造新价值

3. 在下述供应链中：农民生产了 100 千克小麦，以 3 元/千克卖给面粉厂；面粉厂将小麦加工成 90 千克面粉，以 4 元/千克的价格出售给馒头铺；馒头铺用这些面粉制作了价值 600 元的馒头。上述经济活动创造的 GDP 值为（　　）。

   A. 600 元　　　　　　　　　B. 2600 元

   C. 300 元　　　　　　　　　D. 360 元

4. 某家庭某月支出如下：购买 100 元大米、200 元牛肉，支付 1000 元旅游费用，支付 1000 元房租。该家庭这个月对 GDP 中的消费的贡献是（　　）。

   A. 2300 元　　　　　　　　B. 1300 元

   C. 300 元　　　　　　　　　D. 2000 元

5. 某摩托车生产企业某年购买了价值 100 万元的新设备，新建了一座价值 500 万元的厂房，生产了价值 2000 万元的产品，其中 1500 万元的产品已经销售，年底尚有 500 万元的产品库存。该企业当年创造的 GDP 值中的投资是（　　）。

   A. 600 万元　　　　　　　　B. 2600 万元

   C. 1100 万元　　　　　　　D. 2000 万元

6. 某年，X 国国际贸易平衡，出口值为 20 亿美元，GDP 总值为 1000 亿美元，其中消费为 700 亿美元，投资为 110 亿美元。该国的净出口为（　　）。

A．无法求解　　　　　　　　B．0

C．20 亿美元　　　　　　　 D．190 亿美元

7. 在下列选项中，不属于 GDP 中的政府购买的是（　　）。

A．购置公车　　　　　　　　B．购置军火

C．支付事业单位工作人员的工资　D．支付退休公务员的退休金

8. GDP 没有伦理学的意义，毒贩创造的价值、黑市创造的价值也包含在 GDP 的统计中。该观点（　　）。

A．正确　　　　　　　　　　B．错误

C．从国家的角度说正确的　　D．从自由的角度说正确

三、应用题

请搜集相关材料阐述我国从改革开放前后到 2018 年 GDP 总量和人均 GDP 的变化历程及其国际比较。

第五章

管理理论

【教学目标】

1. 掌握古典管理理论的产生与发展。
2. 了解现代管理理论的产生与发展。

在管理活动实践中，人类在不同时期面临着不同的管理问题和矛盾，理论研究者和社会实践者对此提出了自己的解决办法和主张，逐渐形成了不同时期的管理理论。从这一点来看，管理理论源于管理实践，体现了特定时期的人们的社会价值和理念。

19世纪是企业管理兴起的伟大时代，丰富的企业管理实践孕育了丰富的企业管理经验。管理者遵循着各自的管理经验战斗于商海，有的出师未捷身先死，有的倒在了半途，有的则登上了时代的巅峰。登上时代巅峰的成功者有的被称为"钢铁大王"，有的被称为"石油大王"。敏锐的探索者、思考者总能说出这些成功者背后的故事，弗雷德里克·温斯洛·泰罗就是这些探索者和思考者中的杰出代表，他被称为"科学管理之父"。

在20世纪的大规模工业化时代，虽然物质财富源源不断地被生产出来，但是高效率的流水线令人十分厌恶。福特T型车流水线上的生产工人不断离职，没有离职的工人就恶意破坏机器，从而严重影响了生产效率。管理者对此不会视而不见，学者也投入了更多的精力研究这些管理现象。乔治·埃尔顿·梅奥就是其中的代表，他提出了人际关系理论。

20 世纪 70 年代，管理越来越复杂，科学技术的进步给管理者带来了更多的挑战。管理者不断寻求应对挑战的办法。一些先行者的行动引起了学者的关注，一些学者提出了权变理论等。

实践之树常青并且五彩缤纷，管理理论的发展亦是如此。在此，我们分别介绍古典管理理论与现代管理理论中的代表理论。

第一节　古典管理理论的产生与发展

19 世纪末，随着资本主义自由竞争逐渐向垄断过渡，科学技术水平及生产社会化程度不断提高，西方国家的工业出现了前所未有的变化：工厂制度日益普及，生产规模不断扩大，生产技术更加复杂，生产专业化程度日益提高，劳资关系随之恶化。在这种情况下，传统的管理方法已经不适用了。于是，一些有识之士开始致力于总结经验，进行各种实验研究，并把当时的科技成果应用于企业管理当中。学术界一般把泰罗提出的科学管理理论、法约尔提出的一般管理理论、韦伯提出的行政组织理论及梅奥提出的人际关系理论统称为"古典管理理论"。

一、泰罗的科学管理理论

弗雷德里克·温斯洛·泰罗，美国人，他从学徒开始，一步步升为普通工人、小组长、工长、车间主任、总工程师，直至总经理。1911 年，《科学管理原理》一书正式出版。他提出了通过对工作方法的科学研究来改善生产效率的基本原理和方法，最先突破了传统经验管理的局限，因此泰罗被西方管理学界称为"科学管理之父"。

泰罗科学管理理论的主要思想包括以下几个方面。

（1）制定科学的操作标准和工作定额。泰罗提出，选择合适而熟练的工人，把他们的每一个动作和每一道工序的时间记录下来，通过科学的观察分析，消除各种不合理的因素，将最好的因素结合起来，考虑必要的休息和延误时间，制定出标准的操作方法和合理的日工作量。

（2）挑选和培训"第一流的工人"。泰罗认为，为了提高劳动生产率，领导者或管理者必须挑选和培训"第一流的工人"，即不是那些能够工作而不想工作的工人，而是那些自己愿意努力工作、工作又适合他的工人，并使工人的能力同工作相配合。需要指出的是，泰罗认为培训工人成为"第一流的工人"是领导者或管理者的责任。

（3）实行有差别的计件工资制。为了使劳资双方真诚地合作，确保双方都能从提高生产效率中获益，泰罗建议实行全额累进或全额累退的"差别计件工资制"，对完成工作定额的工人按正常工资标准的125%计酬发放工资，对完不成工作定额的工人则按正常工资标准的80%计酬发放工资。对工人来说，完成工作定额与完不成工作定额的实际工资将相差45%。这种金钱激励能促使工人尽力提高生产效率，而在生产效率提高幅度超过工资增加幅度的情况下，雇主也能从"做大的蛋糕"中得到更多的利润。

（4）主张管理职能与作业职能相分离，并实行管理的"例外原则"。泰罗认为管理者与工人的工作职责必须明确，使管理职能与作业职能相分离，主张设立专门的管理部门，其职责是研究、计划、调查、训练、控制和指导工人的工作。同时，管理工作也要按具体的职能进行细分，每个管理者只承担一两种管理职能。另外，泰罗还主张实行管理的"例外原则"，即高层管理者只集中处理例外事项，把那些经常出现、重复出现的"例行问题"的解决办法制度化、标准化，并交给下一级的管理者去处理。

实际上，主张管理职能与作业职能相分离，并实行管理的"例外原则"，体现了泰罗组织管理中的分权思想，这种思想对之后实行以分权思想为基础的事业部制起到了积极的促进作用。

二、法约尔的一般管理理论

亨利·法约尔，法国人，毕业于圣艾蒂安国立矿业学校，长期在一家法国采矿业公司担任工程师、总经理等高级管理职务。1916 年，法约尔以自己在工业领域的管理经验为基础，出版了《工业管理与一般管理》一书，从理论上概括了适用于各类组织（包括公私企业、军政机关和宗教组织等其他组织）的管理的 5 种职能和有效管理的 14 项原则，这被后人称为"一般管理理论"。与泰罗等人主要侧重研究基层作业的科学管理理论不同，一般管理理论是站在高层管理者的角度来研究整个组织的管理问题的，它是西方管理过程学派的理论基础，也是后来各种管理理论和管理实践的重要依据之一。特别是其中关于管理组织和管理过程的职能划分理论，对后来的管理理论研究具有深远的影响，后人称法约尔为"经营管理理论之父"。

1．企业的基本活动

法约尔将企业中的各项基本活动划分成以下 6 种。

（1）技术活动，指生产、制造和加工。

（2）商业活动，指采购、销售和交换。

（3）财务活动，指资金的筹措、运用和控制。

（4）安全活动，指对设备的维护和对人员的保护。

（5）会计活动，指货物盘点、成本统计和核算。

（6）管理活动，指计划、组织、指挥、协调和控制。

2．管理的 5 种职能

管理活动只是企业基本活动中的一种，其本身包括计划、组织、指挥、协调和控制 5 种管理职能。

（1）计划，是指预测未来并制订行动方案。

（2）组织，是指建立企业的物质结构和社会结构。

（3）指挥，是指使企业员工发挥作用。

（4）协调，是指让企业员工团结一致，使企业中的所有活动和努力得到统一。

（5）控制，是指保证企业进行的一切活动符合所制订的计划。

法约尔认为管理不仅是企业有效运营所不可缺少的活动，它也存在于一切有组织的人类活动之中，是一种具有普遍性的活动。同时，他认为，人的管理能力可以通过教育来获得。他发现当时社会缺乏管理教育的原因是缺少管理理论，于是他提出了一般管理理论。

3. 管理的14项原则

法约尔认为，管理的成功不完全取决于个人的管理能力，更重要的是管理者要能灵活地贯彻有效管理的14项原则，具体如下。

（1）劳动分工原则。劳动分工可提高员工的熟练程度，从而提高工作效率。法约尔认为，劳动分工不仅适用于技术工作，也适用于管理工作。

（2）权力与责任相符原则。管理者必须拥有命令下级的权力，包括正式权力和个人权力。前者是由管理者的职务和职位所决定的，后者是由管理者的个人智能、学识、经验、以往的功绩、道德品德等个人品质和素质所决定的。一个出色的管理者的个人权力应当作为正式权力的补充。有权力就意味着要承担相应的责任，这就是著名的权力与责任相符的原则。

（3）纪律原则。纪律是指组织对员工的规定及员工对这种规定的态度和其对这种规定遵守的情况，它是组织发展的关键。法约尔认为，员工必须服从和尊重组织的规定，领导者必须以身作则，使管理者和员工都对组织的规定有明确的理解，同时领导者应实行公平的奖惩，从而保证纪律的有效性。

（4）统一指挥原则。无论是什么工作，一个下级只应接受一个上级的命令，这是一项普遍的、永久必要的原则。否则，权力、纪律、秩序、稳定等都将受到威胁，这将会出现或加剧混乱。

（5）统一领导原则。这一原则与统一指挥原则相关。力图达到同一目标的所有活动，都只能在一个领导者和一项计划的指导下进行。统一领导取决于健全的组织，一个下级只能有一个上级。上级不能越级下达指令，下级也不能越级接受命令。而统一指挥取决于人员如何发挥作用，即一个下级只能听从一个上级的命令。统一指挥不能没有统一领导而存在，但统一指挥并不来源于统一领导。

（6）个人利益服从整体利益原则。这是一个人们都十分明白的原则，即"在一个企业里，一个人或一些人的利益不能置于企业利益之上，一个家庭的利益应先于某一个成员的利益，国家的利益应高于公民的利益"，但由于"无知、贪婪、自私、懒惰及人类的一切冲动，总有人为了个人利益而忘掉整体利益"。法约尔认为，能让这一原则得到有效贯彻和实施的前提是领导者有坚定的品格并能树立好的榜样，与员工签订尽可能公平的协定并监督其履行情况。

（7）人员的报酬原则。报酬应尽可能使劳资双方都满意，保证员工报酬的公平合理。

（8）集中原则。决策制定权是集中于管理当局还是分散给下级，这是一个适度的问题，管理当局的任务是找到在各种情况下合适的集权程度。

（9）等级链与跳板原则。等级链是指从企业的最高领导到基层员工的上下级关系，是权力执行的路线和信息传递的渠道。这一原则能保证统一指挥和统一领导，但往往信息传递并不迅速。为了把尊重等级制度与保持行动迅速更好地结合起来，法约尔设计了一种便于同级之间横向沟通的"跳板"，也称"法约尔天桥"。但同级员工在横向沟通前要征求各自上级的意见，并且事后要立即各自向上级汇报，从而维护统一指挥原则。

（10）秩序原则。无论是物品还是员工，都应该在恰当的时候处在恰当的位置上。

（11）公平原则。管理者应当友善和公平地对待下属。

（12）人员稳定原则。每个人适应自己的工作都需要一定的时间，因此不要轻易变动管理人员和员工的工作岗位，以免影响工作的连续性和稳定性。管理者应制订出规范的人事计划，以保证组织所需的员工。

（13）首创原则。法约尔认为，应鼓励员工积极地发表意见和主动地开展工作。纪律原则、统一指挥原则、统一领导原则等的贯彻，会影响员工的首创精神，因此领导者需要有分寸地，并要有某种勇气来激发和支持员工的首创精神。

（14）团结原则。团结精神将会促进组织内部的和谐与统一。

以上是法约尔提出的管理的 14 项基本原则。尽管这在传统的管理理论中已有所体现，但将它概括为一个完整的概念，是法约尔的首创。法约尔认为，"原则是灵活的，是可以适应于一切需要的，问题在于懂得如何使用它。这是一门很难掌握的艺术，它要求智能、经验、判断和注意的掌握尺度。由机智和经验合成的掌握尺度的能力是一个管理者的主要才能之一。没有原则，人们就处于黑暗和混乱中；没有经验与尺度，即使有最好的原则，人们仍将处于困惑不安之中"。在这里，法约尔阐明了管理作为一门科学与作为一门艺术之间的关系，即理论是可以指导实践的，其问题的关键在于如何应用这个理论。即使有好的管理理论，如果不懂得如何去应用，也是没有用处的。

三、韦伯的行政组织理论

马克斯·韦伯，德国著名社会学家，著有《社会组织和经济组织理论》一书，他提出了理想的行政组织体系理论，因此被后人誉为"组织理论之父"。

1. 权威的类型

韦伯认为，权力和权威是不同的。权力是无视人们反对，强制使人们服从的能力；而权威则意味着人们在接受命令时是出于自愿的。因此，在权威制度下，下级把上级发布命令看作是合法的。韦伯认为存在以下 3 种不同类型的权威。

（1）个人崇拜式权威。这种权威是以对个人的神圣、英雄主义或模范品德的崇拜为依据形成的一种权威。政治领袖等具有的权威就属于这一类。

（2）传统式权威。这种权威是以历史沿袭下来的先例、惯例、习俗等为基础而形成的。对这种权威的服从表现为绝对地服从于统治者，因为他具有沿袭下来的神圣而不可侵犯的权力与地位。

（3）理性－合法式权威。这种权威是以"法律"或"升上掌权地位的那些人发布命令的权利"为基础的。依据这种权威而建立的组织是以行政性组织的形式出现的。韦伯认为，这是现代社会中占主导地位的组织形式，而且是理想的组织形式。

2. 理想的行政性组织

韦伯把行政性组织看作理想的组织形式。他认为理想的组织形式具有以下特点或原则。

（1）实现劳动分工。组织中每个成员的权力和责任都要有明文规定，把这些权力和责任作为正式职责而使之合法化。

（2）按照一定的权力等级，使组织中的各种职务和职位形成责权分明、层层控制的指挥体系。在这个体系中，每个下级都在一个上级的控制和监督之下。每个管理者不仅要对自己的决定和行动负责，还要对下级的决定和行动负责。

（3）根据通过正式考试或教育培训而获得的技术资格来选拔员工，并完全根据职务需要来任用员工。

（4）除按规定必须通过选举产生的公职外，所有担任公职的人都是任命的而不是选举的。

（5）行政管理人员是"专职"的管理人员，领取固定的工资，有明文规定的升迁制度。

（6）行政管理人员不是他所管辖的那个企业的所有者，只是其中的工作人员。

（7）行政管理人员必须严格遵守组织的规则、纪律和办事程序。

韦伯的行政组织理论是对泰罗和法约尔的理论的一种补充，对后来的管理学家，特别是组织理论家产生了很大的影响。

四、梅奥的人际关系学说

乔治·埃尔顿·梅奥,澳大利亚心理学家,后移居美国,曾在宾夕法尼亚大学的沃顿商学院和哈佛大学任教,从事过哲学、医学和心理学方面的研究。1927年,梅奥应邀参加并指导在芝加哥西方电气公司霍桑工厂进行有关科学管理的实验,研究工作环境、物质条件与劳动生产率的关系,此研究通常被称为"霍桑实验"(后来把从1924年到1932年的整个实验过程称作"霍桑实验")。梅奥领导的研究小组通过在霍桑工厂进行的一系列实验,获得了大量的研究资料,为人际关系理论的形成及后来行为科学的发展奠定了基础。

阅读材料

著名的霍桑实验

(1) 照明实验(1924—1927年)

这是霍桑实验的第一阶段。照明实验以泰罗科学管理理论为指导思想,研究照明情况对生产效率的影响。专家们选择了两个工作小组:一个为实验组,为该组变换工作场所的照明强度,使工人在不同照明强度下工作;另一个为对照组,该组工人在照明强度不变的条件下工作。两个小组被要求一切工作按照平时那样进行,无须做任何额外的努力。实验组的照明强度不断变化,而控制组的照明强度始终不变。但最终的实验结果出人意料,两个小组的产量并没有因工作条件的变化而有较大的差异。而且,对实验组来说,当专家们把工作场所的照明强度一再降低时,工人的生产率并没有按预期的那样下降,反而上升了。这个实验表明,影响生产率的不是工作条件的变化,而是其他方面的因素。

(2) 继电器装配实验(1927—1929年)

这是霍桑实验的第二阶段。从这一阶段起,梅奥参加了实验。这个实验就是对6名装配继电器的女工进行长时间的观察实验。梅奥等人为了测定工作条件、工作日长度、休息时间的次数和长度及有关物质环境的其他因素对生产率的影响,进行了一系列的研究。随着这些研究工作的进行,他们发现,不管这些条件有多大变化,生产率仍然提高不大。更令人惊奇的是,当这些女工恢复到原来的工作条件,每天工作时间更长、没有间歇休息、处于不良的物质环境时,她们的生产率却仍然在提高。经过研究,梅奥等人认为这些因素对产量没有多大影响,而监督和指导方式的改善能促使工人改变工作态度、增加产量,于是他们决定进一步研究工人的工作态度和可能影响工人工作态度的其他因素。

(3) 访谈研究 (1928—1931 年)

研究人员在上述实验的基础上进一步在全公司范围内进行了访问和调查。他们最初设想,如果工人的态度取决于他们对工作环境的喜爱或厌恶,那么改善工作环境就能提高他们的满意度或激发其工作积极性。访谈内容大多是有关管理方面的,如询问职工对管理条例或规章制度的看法等。在执行访谈计划的过程中,研究人员发现,职工对这类设计好的问题并不感兴趣,而是更愿意宣泄他们对工厂各种管理条例的不满。访谈使工人把这些不满都发泄了出来,因而使其心情变得舒畅。结果,虽然工人的劳动和工作条件并没有提高,但是工人普遍感到自己的处境比以前好多了,工作上的后顾之忧也少了,情绪得到了较好的调节,从而使生产率有了大幅度提高。

(4) 观察研究 (1931—1932 年)

这是霍桑实验最后阶段的研究计划,是对工人的群体行为进行观察和记录。这个阶段的研究对象是 14 名电话线圈装配工。研究小组发现,该工作室大部分成员都故意自行限制产量,自己确定了非正式的产量标准。工人们一旦完成了自己确定的产量标准以后,即使还有时间和精力,他们也会停止工作。因为他们认为,如果生产得太多,工厂可能会提高工作定额,这样就有可能使工作速度慢的人吃亏甚至失业。但是,如果生产得太少,又会使监督工作的人感到不满。因此,他们就会确定一个非正式的产量标准,并运用群体的压力使每个人遵守这些标准。梅奥据此提出了"非正式组织"的概念,认为在正式的组织中,存在着一些自发形成的非正式组织,它们具有既定的行动准则,对人们的行为起着调节和控制作用。

梅奥对其领导的霍桑实验进行了总结，于1933年出版了《工业文明中人的问题》一书。在这本书中，他系统地提出了与古典管理理论不同的观点——人际关系学说，其主要内容有以下几个方面。

（1）员工是社会人，而不是经济人。以前的管理理论把人看作经济人，认为金钱是刺激人们积极性的唯一动力。霍桑实验证明人是社会人，除了物质方面的需求，他们还有社会、心理方面的需求。

（2）生产率的提高主要取决于工人的工作态度、士气及他与周围人的关系，而工作条件、工资报酬等因素对促进生产率的提高只起次要作用。

（3）企业中存在着非正式组织。以前的组织管理只注意组织机构、职权划分、规章制度等正式组织的问题。而霍桑实验发现除正式组织外，企业成员在共同的工作过程中，还会形成非正式组织，并且其与正式组织相互依存，对生产率产生了重大影响。

梅奥的这些观点在泰罗的科学管理理论之外，开辟了一个新的领域。从此，"人际关系学"的研究逐渐被大家所熟知，因此引起了更多管理学者、专家对人的行为的研究，并且出现了行为科学理论。从这个意义上说，人际关系理论可以当作行为科学理论的开端。由于人际关系理论处于古典管理理论向现代管理理论过渡的时期，有人将其称为"新古典管理理论"。

第二节　现代管理理论的产生与发展

现代管理思想最早起源于第二次世界大战，尤其是在20世纪60年代以后，随着科学技术的迅猛发展和科技成果的广泛应用，企业生产过程的自动化、连续化及生产社会化程度得到了空前的提高。企业规模的扩大、市场竞争的激烈、市场环境的变化等都对社会管理提出了更高的要求，从而推动了管理思想的新发展，各种管理理论和学派相互联系、相互影响，形成了"现代管理理论丛林"的局面。

一、行为科学理论

行为科学正式出现于 20 世纪 40 年代末 50 年代初。1949 年，在美国芝加哥大学召开的一次跨学科的讨论会上，大家都认为可以利用当时在自然科学和社会科学两方面所取得的成果来研究人的行为，经过讨论将其提炼为一门学科，并正式把这门综合性极强的学科定名为"行为科学"。其主要理论包括马斯洛的需要层次理论、赫茨伯格的双因素理论、弗鲁姆的期望理论、麦格雷戈的 X-Y 理论、布莱克和莫顿的管理方格理论等。

行为科学理论的主要观点：强调以人为中心研究管理问题，重视人在组织中的关键作用；强调个人目标和组织目标的一致性，力图创造一种能使组织成员充分发挥力量的工作环境；通过研究人、尊重人、关心人、满足人的需要来调动人的积极性；实行民主参与管理，改变上下级之间的关系，由命令服从变为支持帮助，由监督变为引导，实行组织成员的自主自治；强调探索人类行为的规律，提倡善于用人，开发人力资源。

二、决策理论

决策理论的代表人物是著名的诺贝尔经济学奖获得者赫伯特·西蒙，他提出的决策理论为现代管理理论做出了卓越的贡献。该理论认为决策是管理者的主要任务，因而应集中研究决策问题。其理论要点有以下几个方面。

（1）管理就是决策。西蒙认为，管理的全过程就是一个完整的决策过程。或者说，管理就是决策，决策贯穿于管理的各个方面和全部过程。

（2）决策的阶段。西蒙认为，一个完整的决策过程可以相对划分为 4 个阶段：①搜集情报阶段，其任务是搜集和分析反映决策条件的信息；②拟订计划阶段，在情报活动的基础上设计和制订可能采用的行动方案；③选定计划阶段，从多个可能的方案中通过比较选择一个适宜的行动方案；④评价计划阶段，对已做出的计划和计划的执行情况进行审查和评价。

（3）决策的准则。西蒙认为管理者具有"有限的理性"，因而主张采用"满意准则",即认为管理者的理性是有局限的,由于实际的决策情况非常复杂,而管理者的判断力又受各种主客观条件的制约,其不可能预测到在给定的情形下所有备选方案的各种可能结果。因此,管理人员应寻求简单的、还算满意的结果,而不是最佳方案。

(4)程序化决策与非程序化决策。西蒙把一个组织的全部活动分为两类。一类是例行性活动,这类活动是重复出现的。因此,可以建立一定的决策程序,在这类活动重复出现时予以应用,不必每次都做新的决策。这类决策叫作程序化决策。另一类是非例行性活动,这类活动不是经常重复出现的,也不能用对待例行活动的办法来处理。有关这类活动的决策叫作非程序化决策。

三、系统管理理论

系统管理理论的代表人物是美国的理查德·约翰逊、弗雷蒙特·卡斯特和詹姆斯·罗森茨韦克,他们合著了《系统理论与管理》一书,提出了用系统的观念来考察组织结构和管理的基本职能。他们认为,组织本身是一个系统,系统在一定的环境中生存,与环境进行物质、能量和信息的交换。可见,组织还是一个以人为主体的,由目标、技术、工作、结构、正式组织与非正式组织、外界因素等子系统组成的人造系统;同时,它又是社会大系统中的一个子系统。

总之,运用系统的观点来考察管理的基本职能,可以提高组织的整体效率。管理人员应该认识到,在组织中,没有一个管理者,没有一个部门或单位能独立于他人而存在,因此要特别注意不要为了个人利益的最大化而对其他领域产生负面影响。

四、权变管理理论

权变管理理论是20世纪70年代在美国兴起的一种管理理论。该理论侧重于在实际的管理过程中寻求事物的基本关系,主张因人、因事、因目标需要、因国情等的不同而采取不同的管理方法,做到对症下药。

权变即权宜应变,其含义是在一种环境下所适宜的管理方式可能并不适合另一种环境,不存在一个普遍适用的、最好的方式,而只能"视情况而定"。所以,权变管理理论又被称为"情景理论"或"环境论"。

权变管理理论的核心内容就是环境变量与管理变量之间的函数关系。所谓函数关系,就是作为因变量的管理随作为自变量的环境的变化而变化。所以,这种函数关系可以解释为"如果……就要……"的关系,即"如果"某种环境存在或发生,"就要"采用某种相应的管理思想、管理方法和技术,以有效地实现组织目标。例如,在经济衰退时期,企业面临的市场环境是供大于求,那么集权的组织结构可能更为合适;在经济繁荣时期,企业面临的市场环境是供不应求,那么分权的组织结构可能更为合适。

权变管理理论是一种管理上的新理念,它所倡导的权宜应变的思想,适应了社会、经济、科技、政治等复杂多变的组织环境对管理的要求。因此,与其他管理理论相比,它对管理实践具有较强的指导意义。例如,它可以帮助管理者提出适用于某些环境和技术条件的组织设计方案,也可以帮助管理者确定适宜的领导风格,甚至可以告诉我们为什么要在不同的文化背景下采取不同的管理方式。

五、管理过程理论

管理过程理论的代表人物是美国加利福尼亚大学的教授哈罗德·孔茨,其代表作是和奥唐奈合著的《管理学》。管理过程学派认为,无论组织的性质和组织所处的环境有多么不同,管理人员的管理职能是相同的。孔茨和奥唐奈认为管理职能包括计划、组织、人事、领导和控制5项职能,并把协调视为管理的本质。孔茨利用这些管理职能对管理理论进行分析、研究和阐述,最终建立起管理过程学派。孔茨继承了法约尔的理论,并把法约尔的理论变得更加系统化、条理化。

实例分析

Google 公司的员工互赠假期

Google 公司的福利制度一直为人称道，其休假制度更一直是硅谷的标准。在 Google 工作 3 年的员工每年有 15 天的假期，工作 4 年的员工每年有 20 天的假期，而工作超过 6 年的员工每年有 25 天的假期。

不过，Google 的休假制度还有一个特别之处，就是员工之间可以相互赠送假期。这一做法源于几年前，当时一位 Google 员工的父母生病了，该员工不得不回家照顾家人，但是当他假期结束的时候，家人的病情并没有好转，这名员工不得不选择无薪休假，或者回到公司上班。该员工团队中的另一位同事听说后，发起了一项提议，希望其他有假期的同事把假期捐献给这位同事。

Google 的人力主管 Bock 在 Google 的第三个"带父母来上班日"讲述了这一故事。"带父母来上班日"是 Google 在山景城举办的一个庆祝活动，意在希望员工的父母从世界各地来到 Google，了解 Google。"从那件事后，我们就允许在员工有需要的情况下，由其他员工为其捐献假期"，Bock 对父母们说道，"最关键的是，这一规定并非来自行政部门，而是来自您的亲人，他们认为这很重要，我们就把它添加到公司的管理制度中，以便所有的人都可以受益"。Google 的管理原则之一，就是允许和鼓励有创造力的员工来推动公司的变革。

【点评】

上述案例体现了权变管理理论，说明员工生活与工作相互交织，复杂多样，管理者面对迅速变化的员工思想和多样行为，应当采取灵活多样的管理方法、制定灵活多样的管理机制。

课外习题

一、单项选择

1. 科学管理理论的代表人物是（　　）。

A．法约尔　　　　　　　　B．泰罗

C．梅奥　　　　　　　　　D．韦伯

2．科学管理理论研究的中心问题是（　　）。

A．提高劳动生产率　　　　B．提高劳动积极性

C．激励　　　　　　　　　D．协调

3．一般管理理论的代表人物是（　　）。

A．法约尔　　　　　　　　B．泰罗

C．梅奥　　　　　　　　　D．韦伯

4．为了最大限度地刺激与激励工人的劳动积极性，泰罗创立并推行（　　）。

A．有差别的计件工资制　　B．计件工资制

C．计时工资制　　　　　　D．奖励工资制

5．行政组织理论的代表人物是（　　）。

A．法约尔　　　　　　　　B．梅奥

C．韦伯　　　　　　　　　D．西蒙

6．决策理论的代表人物是（　　）。

A．西蒙　　　　　　　　　B．韦伯

C．赫茨伯格　　　　　　　D．巴纳德

二、实践训练

查阅一个百年企业的发展历史，并探讨其管理思想的演变过程，运用相关的管理理论进行分析评价，在课堂上分享你的观点。

第六章

计划与控制

【教学目标】

1. 掌握计划的含义、特征、类型。
2. 了解计划的编制步骤及方法。
3. 掌握控制的概念、特征、作用、类型与内容。
5. 了解控制的步骤。

计划工作具有承上启下的作用,它的重要意义就是在充分利用机会的同时,尽可能地降低风险,以利于组织的协调与控制。计划工作是一座桥梁,它把我们所处的此岸和我们要去的彼岸连接起来,以克服这一天堑。

第一节 计 划

一、计划的含义

计划有名词意义和动词意义之分,管理学研究的计划指的是动词的含义,即计划工作。

计划工作有广义和狭义之分。广义的计划工作，是指制订计划、执行计划和检查计划3个阶段的工作过程。狭义的计划工作，是指制订计划，即根据组织内外部的实际情况，权衡客观的需要和主观的可能，通过科学预测，提出在未来一定时期内组织所要达到的具体目标及实现目标的方法。

计划工作的内容常用"5W+H"来表示：

（1）What —— 做什么？代表目标与内容；

（2）Why —— 为什么做？代表原因；

（3）Who —— 谁去做？代表人员；

（4）Where —— 何地做？代表地点；

（5）When —— 何时做？代表时间；

（6）How —— 怎样做？代表方式、手段。

二、计划的特征

计划的特征可以概括为以下4点。

1. 目标性

在组织中，每一个计划的最终目标都是促使组织总体目标和各个阶段目标的实现。具体地说，计划工作就是先要确定目标，然后使今后的行动集中于目标，并预测和确定哪些行动有利于达成目标，从而指导以后的行动朝着目标的方向迈进。没有计划和目标的行动是盲目的行动。

2. 首位性

计划、组织、人事、领导和控制等各项职能都是为了支持组织目标的实现。在管理的各项职能中，计划是其他职能执行的基础，具有首位性，其他职能只有在计划工作确定了目标后才能进行。因此，计划职能在管理职能中居首要地位。此外，管理人员必须制订计划，以了解要达成组织目标，需要何种组织结构和何种人员，按照何种方法去领导下属及采取何种控制方法等。因此，要使其他管理职能发挥作用，必须将计划职能放在首位。

3. 普遍性

计划工作涉及组织管理区域内的每一个层级，每一位管理人员都需从事计划工作。因为各级管理人员的职责和权限不同，所以他们在工作中需要制订不同的计划。其中，高层管理人员负责制订战略计划，中层管理人员负责制订战术计划或生产作业计划。

4. 效率性

计划的效率是指从组织目标所做的贡献中扣除制订和执行计划所需的费用及其他因素后的总额。如果一个计划在实现的过程中付出了较高的代价，即使最终达到了目标，这个计划的效率也是很低的。如果一个计划以合理的代价实现了目标，那么这个计划就是有效率的。在衡量代价时，不仅要考虑时间、资金的投入，还要考虑个人和集体的满意程度。一个很好的计划在实施过程中，由于方法不当，引起了人们的不满情绪，这个计划的效率也是很低的。因此，计划工作要以较小的投入获得较为满意的计划成果，这样才能提高计划效率。

三、计划的类型

1. 按计划的影响程度分类

按计划的影响程度，计划可分为战略计划和战术计划。

战略计划是关于企业活动总体目标和战略方案的计划。其特点如下：时间跨度长、覆盖范围广；内容抽象、概括，不要求直接的可操作性；不具有既定的目标框架作为计划的着眼点和依据；计划的前提条件多是不确定的，制订者必须有较高的风险意识，能在不确定的前提条件下确定企业未来的行动目标和经营方向。

战术计划是关于实现组织目标的具体实施方案和细节。其特点如下：时间跨度短、覆盖范围窄；内容具体、明确，并通常要求具有可操作性；计划的任务主要是规定如何在已知条件下实现根据企业总体目标分解而提出的具体行动目标，计划制订的依据比较明确。

战术计划的风险程度较战略计划低。

2．按计划的时间长短分类

按计划的时间长短，计划可分为长期计划和短期计划。

长期计划描绘了组织在一段较长的时间内（通常为3～5年）的发展蓝图，它规定组织总体和各部分在这段较长时间内所从事的活动及从事这些活动应该具有的状态和应该达到的目标。

短期计划具体规定了组织总体和各部分在一段较短的时间内（如一年、半年甚至更短的时间），所从事的各种活动及从事这些活动应该具有的状态和应该达到的目标。

长期计划通常是战略计划，短期计划通常是年度计划。上述两种计划相互衔接，反映了事物发展在时间上的连续性。

3．按计划的覆盖范围分类

按计划的覆盖范围，计划可分为综合性计划和专业性计划。

综合性计划是对业务经营过程各方面所做的全面的规划和安排。

专业性计划是对某一专业领域内的工作所做的计划，它通常是对综合性计划某一方面内容的分解和落实。

综合性计划与专业性计划是一种整体与局部的关系。专业性计划应以综合性计划为指导，避免同综合性计划脱节。

4．按计划的详尽程度分类

按计划的详尽程度，计划可分为导向性计划和具体计划。

导向性计划只规定基本原则与方向，指出行动重点，但并不限定具体目标，也不规定明确的行动方案。

具体计划有明确的目标和行动方案，具有很强的可操作性。

与具体计划相比，导向性计划相对灵活，但缺少明确性。管理既是一种科学，又是一种艺术。管理的艺术性的一面在于平衡，因此管理者需要在计划的明确性和计划的灵活性之间求得一种平衡。在外部环境相对稳定、任务结构相对明确的情况下，制订明确的具体计划更为合适；在相反的情况下，制订仅给行动施以宽松指导的导向性计划可能会比具体计划更有效。

四、计划的编制

计划工作就是一个由若干互相衔接的步骤所组成的连续的过程。其编制过程大致可分为如下 8 个步骤。

（1）估量机会。估量机会需要在实际的计划工作之前着手进行，它是对未来可能出现的机会的估量。其是在组织内外环境分析的基础上，判断组织的优势与劣势，寻求组织可以发展的机会。估量机会是计划工作的真正起点。其内容如下：对未来可能出现变化和预示的机会进行初步分析，形成判断；根据自己的长处和短处弄清楚自己所处的地位；了解自己利用机会的能力；列举主要的不肯定因素，分析其发生的可能性和影响程度；在反复斟酌的基础上，下定决心，扬长避短。

（2）确定目标。计划工作的目标是指组织在一定时期内所要达到的目标，其中包括长期目标和短期目标。确定目标是要建立组织的目标体系，即将高层目标（战略目标）分解为中间目标（战术目标），再分解为小组、个人的具体目标，而且在这个过程中要保证具体目标与总目标的方向一致。编制计划的第二个步骤就是确定目标，确定目标是计划工作的基础。

（3）明确计划工作的前提条件。明确计划工作的前提条件是指确定计划实施时的预期环境。负责计划的人员只有对计划的前提条件了解得越细、越透彻，并能始终如一地运用它，其计划才会做得越来越协调。未来的环境非常复杂，涉及的因素很多，预测并掌握一些重要的前提条件能给计划提供重要依据或参考。企业的环境又分为企业外部环境和企业内部环境。

第一，企业外部环境分析。企业外部环境又分为宏观环境和微观环境两个层次。宏观环境因素包括政治环境、经济环境、技术环境和社会文化环境。这些因素对企业及其微观环境的影响力较大，一般是通过微观环境对企业的生产经营间接产生影响的。微观环境因素包括市场需求、竞争环境和资源环境等，涉及行业性质、竞争者状况、消费者、供应商、中间商及其他社会利益集团等多种因素。这些因素会直接影响企业的生产经营。

企业外部环境有3个显著的特征：波动性，即外部环境经常发生变化而且难以预测；不可控性，即外部环境的变化不受单个企业的控制；差异性，即外部环境对不同类型企业的影响各不相同。

第二，企业内部环境分析。企业内部环境包括企业的物质环境和文化环境。它反映了企业所拥有的客观物质条件和工作状况及企业的综合能力，是企业系统运转的内部基础。因此，企业内部环境分析也可称为企业内部条件分析，其目的在于掌握企业的实力现状，找出影响企业生产经营的关键因素，辨别企业的优势和劣势，以便企业寻找外部发展机会，确定企业战略。

如果说外部环境给企业提供了可以利用的机会，那么内部环境则是抓住和利用这种机会的关键。只有在内外部环境都适宜的情况下，企业才能健康发展。

（4）确定备选方案。一个计划往往会有几个可供选择的方案。确定备选方案不只是寻找可供选择的方案，还要减少可供选择方案的数量，以便可以对其中较有希望的方案进行分析。一般而言，组织达到其目标的途径不止一条，即存在着多种方案可供选择，但通常只能选择其中的一个方案实施，这就需要对每一条有效途径有深刻的认识，否则就会遗漏好的方案或选错方案。避免此类错误的前提是要将已有的有效途径都找到，并且能够对这些途径做出透彻的分析。为此，必须集思广益、拓展思路、大胆创新，同时对所有的方案进行初步筛选，保留其中有效的即值得保留的方案供重点评价、分析和比较，以便集中精力选择最后的计划方案。

（5）评估备选方案。找出了各种可供选择的方案并明确了它们的优缺点后，下一步就是根据前提和目标，对备选方案进行评估。备选方案可能存在几种情况：有的方案有利可图，但需要投入的资金多且回收慢；有的方案看起来可能获利较少，但风险也小；还有的方案对长远规划有益等。在若干方案并存的情况下，管理者就要根据组织目标来选择一个较为合适的方案。一般来说，由于备选方案比较多，而且受大量可变因素和条件的限制，评估备选方案的工作往往是非常复杂的，为此管理者常常要借助运筹学、数学方法和计算机技术等各种手段来进行方案评估。

（6）选择可行方案。在备选方案中，选择一个既符合目前组织资源能力，又能获取较大效益的方案。但是，可能遇到的情况是，在对各种备选方案进行评估后发现同时有两个或两个以上的方案是可取的，在这种情况下，可能会决定同时采取多个方案。

（7）制订派生计划。派生计划是总计划下的分计划。总计划要靠派生计划来保证，派生计划是总计划的基础。在选定一个总计划方案后，还必须围绕总计划制订一系列派生计划来辅助总计划的实施。例如，某企业在制订出新建一个分厂的总计划后，这个总计划就成为制订一系列派生计划的前提，各种派生计划的制订都要围绕它来进行，如人员的招聘和培训计划、材料和设备的采购计划、广告宣传计划、资金筹措计划等。

（8）编制预算。在完成上述各个步骤之后，最后一个步骤便是把计划转化为预算，使之数量化。预算是用数字的形式表示组织在未来某一确定时间内的计划，是计划的数量说明，是用数字形式对预期结果的一种表示。这种结果可能是财务方面的，如收入、支出和资本预算等；也可以是非财务方面的，如材料、工时、产量等方面的预算。预算是汇总各类计划的工具，同时也是衡量计划执行情况的重要标志，因此预算又常常被看作一种重要的控制手段。

五、计划的编制方法

计划的编制方法有很多，这里仅简要介绍3种常用方法，即滚动计划法、投入产出法和运筹学方法。

1. 滚动计划法

滚动计划法是一种将短期计划和长期计划有机结合起来,根据近期计划的执行情况和内外部环境的变化情况,定期修订未来计划并逐期向前滚动的方法。

滚动计划法的具体做法：在编制计划时,同时编制未来若干期的计划,但计划内容采用近细远粗的办法,即近期计划尽可能详尽,远期计划则较粗略;在计划期的第一阶段结束时,根据该阶段计划的执行情况和内外部环境的变化情况,对原计划进行修订,并将整个计划向前滚动一个阶段;之后根据同样的原则逐期滚动。

滚动计划法的优点：使计划更加符合实际；按近细远粗的原则编制计划,具有连贯性、灵活性和弹性。

滚动计划法也存在着计划调整频繁、工作量加大的不足。

2. 投入产出法

投入产出法是利用高等数学的方法对物质生产部门之间或投入与产出之间的数量关系进行科学分析,并对再生产进行综合平衡的一种现代的科学方法。

其基本原理是,任何系统的经济活动都包括投入和产出两大部分。投入是指在生产活动中的消耗,产出是指生产活动的结果。在生产活动中,投入与产出之间具有一定的数量关系,投入产出法就是利用这种数量关系建立投入产出表,根据投入产出表对投入与产出的关系进行科学分析,再用分析的结果来编制计划并进行综合平衡。

3. 运筹学方法

运筹学方法是一种分析的、实验的和定量的科学方法,用于研究在物质条件已定的情况下,为了达到一定的目标,如何统筹兼顾整个活动的所有环节之间的关系。

典型的运筹学方法是线性规划法。另外,非线性规划、整数规划、动态规划、图论、排队论、库存论等方法也已广泛应用于计划编制工作。

第二节 控 制

一、控制的概念

控制是指管理者为了实现组织目标,以计划为标准,对组织活动过程进行监测,将监测结果与计划目标相比较,找出偏差,分析其产生原因,并予以纠正的一系列活动过程。简单地说,控制就是管理者监督各项活动,以保证这些活动按计划进行,并纠正各种重要偏差的过程。

要构成控制,必须具备以下3个条件:

第一,要有明确的目的或目标,没有目的或目标就无所谓控制;

第二,控制客体必须具有多种发展的可能性,如果事物发展的未来方向和结果是唯一的、确定的,就谈不上控制;

第三,控制主体可以在控制客体的多种发展可能性中通过一定的手段进行选择,如果这种选择不成立,控制也是无法实现的。

二、控制的特征

控制具有以下3个特征。

1. 目的性

控制是一种有目的的活动。其意义体现在通过发挥"纠偏"和"适应"的功能,促使组织更有效地实现其根本目标。

2. 整体性

控制是一种整体性的活动。控制主体不仅包括管理人员,还包括组织的全体成员,控制客体则是组织活动中的各个方面。所以,控制主体在进行控制时,应把组织的活动作为一个整体,使各个方面协调一致,以达到整体优化。

3．动态性

控制是一种动态性的活动。组织本身是动态的，其外部环境和内部环境随时都在发生着变化，这就决定了控制的标准和方法不可能固定不变。

三、控制的作用

（1）控制是完成计划工作，实现组织目标的保证。计划是对组织未来行动的谋划和设计，是组织在未来一段时间内需要执行的行动规划。为了使计划及时适应变化了的内外部环境，推动组织目标的实现，管理者必须通过控制及时了解内外部环境变化的程度、原因、趋势，并据此对计划目标和计划过程进行适当的调整，使计划更加符合实际情况。

（2）控制是及时改正缺点，提高组织效率的重要手段。控制一方面有利于组织少走弯路，降低失误对组织效率的负面影响；另一方面可以帮助管理者积累经验，提高未来管理工作的效率。

（3）控制是组织创新的推动力。控制是一种动态的、适时的信息反馈过程，是一种积极主动的管理活动。现代管理越来越强调控制中的反馈机制。通过控制，管理者可以及时发现问题，从而在推动管理工作动态适应环境的过程中不断创新。

四、控制的类型

1．按控制的主体分类

按控制的主体，控制可分为直接控制和间接控制。

直接控制是相对于间接控制而言的，它是通过提高管理者的素质和领导水平，从而消除或减少因管理不善造成偏差的一种控制。其指导思想认为，合格的管理者出的差错较少，他们能觉察到正在形成的问题，并能及时采取纠正措施。所谓"合格"，就是指管理者能熟练地应用管理的概念、原理和技术，并能以系统的观点来进行组织管理。因此，管理者及其下属的素质越高，就越不需要进行间接控制。

间接控制是观察管理人员的行动，跟踪并找出其造成不良后果的原因，追究个人责任并使他们在实践中改正的过程。在实际工作中，在所定的标准是正确的前提下，产生偏差的原因常常有两种，即不确定因素或是直接负责的管理人员缺乏知识、经验和判断力。不确定的因素是无法估计的，由此造成的管理失误也是不可避免的。在这种情况下，间接控制就不能起作用。

2．按控制的环节分类

按控制的环节，控制可分为前馈控制、现场控制和反馈控制。

前馈控制是指在活动开展之前就认真分析研究进行预测并采取防范措施，使可能出现的偏差在事先就可以得到解决的控制方法。前馈控制系统比较复杂，影响因素也很多，输入因素常常混杂在一起，这就要求前馈控制建立系统模式，对计划和控制系统做好分析，确定重要的输出变量，并定期估计实际输入的数据与计划输入的数据之间的偏差，预测其对预期成果的影响，从而保证能够采取措施解决这些问题。前馈控制比反馈控制更为理想，但计划在实施过程中会面对许多不确定因素和无法估计的意外情况，即使进行了前馈控制，也不能保证结果一定符合计划要求，因此仍然要对计划执行结果进行检验和评价。

现场控制是指在计划正在实施的过程中，由基层管理人员采取的一种控制方法。基层管理人员通过深入现场亲自监督、检查和指导来控制下级的活动，其内容如下：向下级指示恰当的工作方法和工作过程；监督下级的工作以保证计划目标的实现；发现不符合标准的偏差时，立即采取纠正措施。

反馈控制是指管理人员分析以前工作的执行结果，将它与控制标准相比较，发现已经发生的偏差，分析其原因，及时拟定纠正措施并予以实施，以防止偏差继续发展或再度发生。

五、控制的内容

美国管理学家斯蒂芬·罗宾斯认为控制的内容包括对员工、财务、作业、信息和绩效 5 个方面的控制,下面以企业为例进行说明。

1. 对员工的控制

企业的目标任务是由员工来完成的,为了使员工按照管理者所制订的计划来实现企业的目标任务,就必须对员工进行有效的控制。对员工进行控制常用的方法之一就是直接巡视,及时发现问题并及时解决。另外,可以对员工的工作表现进行评估,针对员工的工作表现,进行奖励或惩罚,并对员工存在的问题进行指导、帮助和解决。

2. 对财务的控制

利润是企业追求的主要目标之一,为了实现企业的利润目标,必须对财务进行控制。对财务的控制主要包括审核自身的财务报表,以保证有一定的资金支付各种费用。当然,我们也应对费用进行控制,以保证成本不会提高及各项资产都能得到充分有效的利用。

3. 对作业的控制

对作业的控制就是对企业从生产要素投入到最终产品和服务产出的转换过程的控制。典型的对作业的控制包括监督生产活动以保证其按计划进行;评价购买能力,以尽可能低的价格购买所需要的一定质量和数量的原材料;监督企业的产品和服务的质量,以保证其满足预定的标准;保证所有的设备得到良好的维护。

4. 对信息的控制

信息是知识经济时代中的重要资源,准确、及时、适量、经济的信息能大大提高企业的效率。因此,在企业中,对信息的控制显得尤为重要。

5. 对绩效的控制

在企业内部,绩效是高层管理者的控制对象,其能反映出企业的目标能否得以实现。在企业外部,证券分析人员、潜在的投资者、贷款银行、供应商、消费者及政府部门也十分关注企业的绩效。要有效实施对绩效的控制，关键在于科学地衡量和评价企业绩效。

六、控制的步骤

各种不同组织的控制系统都有自己的运行程序，一般包括确定控制标准、衡量实际业绩和采取纠偏行动3个步骤。

1. 确定控制标准

控制主要是对组织活动加以监督和约束，以求实现所期望的目标，为此必须先制定一些标准，作为衡量和比较的基础。没有科学合理的控制标准，就无法对管理活动进行控制。控制标准的制定要以计划为依据，要综合考虑控制对象的特点等多种因素，找到关键的控制环节，同时控制标准的制定也离不开科学的制定方法。

2. 衡量实际业绩

为了确定实际业绩，管理者必须采取一定方法来得到有关的信息，所以控制的第二步是衡量。衡量的结果一般来说有两种，一是工作正在按计划进行，二是工作进程与计划存在差距。假如工作正在按计划进行，保持继续进行就可以了；假如工作没有按计划进行，就意味着实际的进程与计划存在偏差，这时就要分析产生偏差的原因，然后采取纠偏行动。

衡量实际业绩就是要采集实际工作的数据，了解和掌握工作的实际情况。在衡量过程中，管理者应注意以下3个问题：一是通过衡量业绩，检验标准的客观性和有效性，分析通过对标准执行情况的测量能否取得满足控制需要的信息；二是确定适宜的衡量频度，控制过多或不足都会影响控制的有效性；三是建立信息反馈系统，应该建立有效的信息反馈系统，使反映实际工作情况的信息适时地传递给管理人员，使管理人员能及时发现问题。

3. 采取纠偏行动

对实际业绩加以衡量后，下一步就是将衡量的结果与标准进行对比。如果有较大的偏差，就要分析造成偏差的原因并采取纠正措施；如果没有偏差，就要先分析控制标准是否有足够的先进性，在认定标准的水平合适的情况下，将之作为成功经验予以分析总结，以用于今后的或其他方面的工作。这一步骤是控制过程的关键。

我们还可以把纠偏行动分为立即纠偏行动和根本性纠偏行动。立即纠偏行动又称补救性纠偏行动，是指立即纠正出现的问题，使工作回到设定的轨道上来。根本性纠偏行动是指找出偏差是如何出现的及为何出现等问题的答案，然后采取行动从根源上进行纠正。

实例分析

艾琳·格拉斯纳的化妆品公司计划

艾琳·格拉斯纳曾在美国一家较大的化妆品公司中担任过地区经理一职，其工作能力出众，管理着 250 多名上门推销的推销员。她在离开这家公司之后，便开始经营自己的化妆品公司。她从意大利的小型香水厂得到了一套化妆品配制流水线，租用了一座旧仓库，并且安装了一套小型的化妆品灌装与包装生产线。几年过去了，她的化妆品公司有了一定规模，于是她打算拓展她的产品线，建立分销网络。以下是她所采取的步骤。

第一步：格拉斯纳准备了一份使命报告，"艾琳化妆品公司准备生产一套系列化妆品，在美国东北部通过百货商店与专业商店分销上市"。她建立的长期目标：一是成为意大利香水在美国市场上的主要代理人；二是只销售高级化妆品；三是以高收入顾客为主要销售对象。

第二步：格拉斯纳特别想在美国东部的 5 座城市中开设自己的经销办事处。她巡视了 10 座城市，寻找最佳落脚点，她选中了 5 座城市，并和她的律师及销售部经理一起为这些经销办事处办理租约，然后确定了最后期限——第二年 6 月 1 日，这些经销办事处开张营业。在开张之前，一切事宜必须协调好——签署租约、添置办公设备、安装电话、雇用办事员、招聘或续聘推销员、准备新的办事处专用信笺等。

第三步：格拉斯纳为她的化妆品公司确定了下一年度的销售额——300万美元。格拉斯纳问生产部经理，如果所有的生产线都上马，当年工厂是否能完成300万美元的订单任务。生产部经理回答说，这得等他核准生产能力的各项数字后，才能给她一个答复。

第四步：面对那么多要完成的目标，格拉斯纳决定把她的一些职权委派给那些主要部门的经理们。她逐一与他们碰头，一一落实要达成的目标。

【点评】

这是有关计划的案例。制订计划，即根据组织内外部的实际情况，权衡客观的需要和主观的可能，通过科学预测，提出在未来一定时期内组织所需达到的具体目标及实现目标的方法。

课外习题

一、单项选择

1. 按计划的详尽程度，计划可分为导向性计划和（   ）。

   A. 长期计划　　　　　　　B. 战略计划
   C. 专业性计划　　　　　　D. 具体计划

2. 按计划的覆盖范围，计划可分为综合性计划和（   ）。

   A. 专业性计划　　　　　　B. 战术计划
   C. 短期计划　　　　　　　D. 具体计划

3. （   ）是管理者监督各项活动，以保证这些活动按计划进行，并纠正各种重要偏差的过程。

   A. 计划　　　　　　　　　B. 组织

C. 控制　　　　　　　　D. 领导

4. 按控制的主体，控制分为直接控制和（　　）控制。

A. 间接　　　　　　　　B. 前馈

C. 现场　　　　　　　　D. 反馈

二、案例分析题

你想在美国好莱坞或贝弗利山举办一个晚会，如果没有查克，你就不可能成功举办。在南加州，查克是停车业内响当当的名字。

查克经营了一家停车公司，虽然是一家小公司，但每年的营业额有几百万美元。公司拥有雇员100多人，其中大部分为兼职人员。查克的停车公司平均每周至少要为几十个晚会提供停车服务。在最忙的周六晚上，公司可能要同时为六七个晚会提供停车服务，每一个晚会可能需要3~15位服务员。

查克每天的主要工作就是拜访那些富人或名人的家，评价道路和停车设施，并告诉他们需要多少个服务员来处理停车问题。一个小型晚会的停车工作可能只需要三四个服务员，花费大约400美元，而一个大型晚会的停车费用可能高达2000美元。

在私人晚会上，查克先要估计大约需要多少服务员为晚会服务，然后按每人每小时的价格给出一个总价格。如果顾客愿意购买他的服务，查克就会在晚会结束后寄出一份账单。他的主要收入来源是服务员为顾客服务所获得的小费。因此，在为私人晚会提供服务时，他禁止服务员收取小费。

思考：在本案例中，查克运用了哪些控制类型？

三、实践训练

编制计划——"大学生创业计划书"。

第七章

组 织

【教学目标】

1. 了解组织的含义。
2. 理解并掌握几种主要的组织结构模式。
3. 了解组织变革的含义与动因。

任何组织都有自己的组织管理制度，组织内任何部门或任何个人都要按照组织制定的规章制度办事，这是毫无疑问的。但是，组织在制定管理制度时，要从实际情况出发，遵守客观规律，从而使管理制度对组织的发展有促进作用。

第一节 组织概述

一、组织的含义

组织是为了达到某些特定目标，在分工合作的基础上构成的人的集合。

组织作为人的集合，不是简单的毫无关联的个人的加总，它是人们为了实现一定目标,有意识地协同劳动而产生的群体。

组织的含义包括以下几点。

1. 组织是一个"人为"的系统

组织是以人为主体组成的具有特定功能的系统。由于是"人为"的系统,系统的功能差异较大,由相同要素组成的系统可能因结构不同而具有不同的系统功能。

2. 组织必须有特定目标

目标是组织存在的前提。任何组织都是为特定目标而存在的。组织目标反映了组织的性质和其存在的价值。

3. 组织必须有分工与协作

正是人们聚集在一起,通过分工并协作完成某项活动才产生了组织。组织的本质在于协作。组织功能的产生是人们劳动协作的结果。

4. 组织必须有不同层次的权力与责任制度

权责关系的统一能使组织内部形成反映自身内部有机联系的不同管理层次。这种联系是在分工协作的基础上形成的,是实现合理分工协作的保障,也是实现企业目标的保障。组织规模越大,对权责关系的处理就越重要。

在管理学中,组织被看作反映一些职位和一些个人之间的关系的网络式结构。

在管理学中,组织的含义可以从静态与动态两个方面来理解。从静态方面理解,组织指组织结构,即反映人、职位、任务及它们之间的特定关系的网络。这一网络可以把分工的范围、相互之间的协调配合关系、各自的任务和职责等用部门和层次的方式确定下来,形成组织的框架体系。从动态方面理解,组织指维持与变革组织结构,以完成组织目标的过程。正是从动态方面来理解,组织被视为管理的一种基本职能,是指通过组织机构的建立与变革,将生产经营活动的各个要素、各个环节,从时间上、空间上科学地组织起来,使组织中的每个成员都能接受领导、协调行动，从而产生新的、大于个人和小于集体功能简单加总的整体功能。

二、正式组织与非正式组织

组织的类型多种多样，正式组织与非正式组织只是其中一种划分方法。

1. 正式组织

正式组织是由管理者通过正式的筹划而建立起来的,有明确的目标、任务、结构、职能及由此形成的成员间的权责关系，并借助组织结构图和职务说明书等文件对此予以明确规定。

正式组织具有以下 3 个基本特征。

（1）目的性。正式组织是为了实现组织目标而有意识建立的，因此正式组织的结构形态，从本质上说应该服从于实现组织目标、落实战略计划的需要。这种目的性决定了组织工作通常是在计划工作之后进行的。

（2）正规性。正式组织中所有成员的职责范围和相互关系，通常都在书面文件中进行了明确的、正式的规定，以确保组织及其成员行为的合法性和可靠性。

（3）稳定性。正式组织一经建立，通常会维持一段时间相对不变。只有在内外部环境发生了较大变化而使原有组织形式显露出不适应时，才会进行组织重组和变革。

2. 非正式组织

非正式组织是指建立在某种共同利益基础上的一种没有明文规定的群体。

非正式组织形成的原因有很多，如工作关系、兴趣爱好、血缘关系等。非正式组织常出于某种情感的要求而采取共同的行动。非正式组织不一定具有明确的共同目标，但有着共同的利益、观点、习惯或准则。其具有自发性、内聚性和不稳定性等基本特征。

非正式组织与正式组织相互交错地同时并存于一个组织之中，这是一种不可避免的现象。在有些情况下，非正式组织能够取得意想不到的效果；而在另外一些情况下，非正式组织则有可能会对正式组织的活动产生不利影响。

非正式组织对正式组织的积极的、正面的作用主要表现在：它可以满足成员心理上的需求，鼓舞成员的士气，创造一种特殊的人际关系氛围，促进正式组织的稳定；弥补成员在能力和成就方面之间的差异，促进工作任务的顺利完成；此外，它还可以作为改善正式组织成员间信息沟通的工具。

非正式组织对正式组织的消极作用主要表现在：它可能在有些时候会与正式组织产成冲突，影响成员间的团结和协作，阻碍组织目标的实现。

因此，正式组织的领导者应善于因势利导，最大限度地发挥非正式组织的积极作用，克服其消极作用。

第二节　组织结构的模式

组织结构是指组织内部各构成部分及各部分之间确定的相互关系形式。从传统管理到现代管理，企业组织结构的形式有多种模式。传统的组织结构模式主要有直线制组织结构、职能制组织结构及直线职能制组织结构。现代的组织结构模式主要有事业部制组织结构、矩阵制组织结构及网络型组织结构等。虽然组织结构的模式多种多样，但其中最主要的是直线职能制组织结构和事业部制组织结构，其他的结构模式都与此两种结构模式密切相关。因此，了解各种组织结构模式，选择适宜的组织结构形式是非常重要的。在此，我们来对这几种组织结构模式一一进行介绍。

一、直线制组织结构

直线制组织结构是组织发展初期的一种简单的组织结构模式。在直线制组织结构中，各级管理者都按垂直系统对下级进行管理，组织中没有专门的职能部门，命令的传送渠道只有一条直线渠道。它是一种集权式的组织结构模式，其组织结构图如图 7-1 所示。

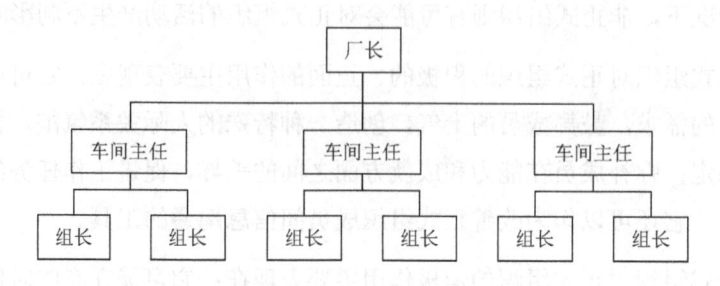

图 7-1　直线制组织结构图

这种组织结构模式结构简单、权责分明、指挥统一、工作效率高，但这种模式没有设置专门的职能部门，这就要求管理者是全能型的，即管理者应具有多方面的管理业务和技能。这种组织结构一般适合产品单一、工艺技术比较简单、业务规模比较小的企业。

二、职能制组织结构

职能制组织结构是指组织按照专业分工设置职能部门，各部门在其业务范围内有权向下级发布命令和下达指示，下级既服从上级领导者的指挥，也服从几个职能部门的指挥。职能制组织结构图如图 7-2 所示。

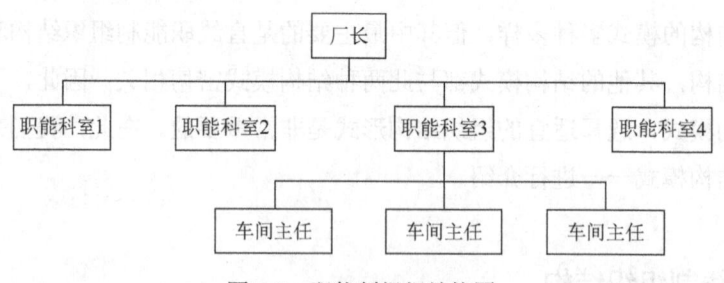

图 7-2　职能制组织结构图

这种组织结构模式的优点：适应企业生产技术发展和经营管理复杂化的要求，能够发挥职能部门的专业管理作用，利用专业管理人员的专长。

这种组织结构模式的不足之处：不利于企业生产经营活动的集中统一指挥，易形成多头领导；命令不统一，使下级无所适从；不利于责任制的建立，不利于工作效率的提高。

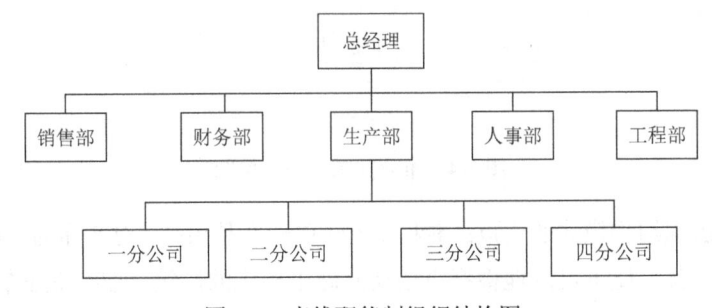

三、直线职能制组织结构

直线职能制组织结构是以直线制组织结构为基础，在各级管理者之下设置相应的职能部门作为该管理者的参谋部，进行专业管理的组织结构，其是企业管理机构的基本组织模式。职能部门拟定的计划、方案，以及有关指令，由其直接管理者批准下达。职能部门对下级管理者和下级职能部门无权直接下达命令或进行指挥，只起业务指导作用。直线职能制组织结构图如图 7-3 所示。

图 7-3 直线职能制组织结构图

这种组织结构模式的优点：组织既保证了命令的统一，又发挥了职能部门的作用，有利于组织集中有限的资源和优化管理者的决策。因此，它在企业中被广泛应用。

这种组织结构模式的不足之处：企业生产经营活动中的许多问题需要多个部门协同解决，但是各部门由于分管不同的专业管理工作，观察和处理问题的角度不同，往往会产生种种矛盾，导致横向协调比较困难；又由于直线职能制各职能部门的意见只有通过直接管理者才能得到处理，贻误了工作时间。为了克服这些弊端，直接管理者可以在职能部门的业务范围之内，授予职能部门员工一定程度的决策权、控制权和协调权，以促进职能部门作用的发挥。

四、事业部制组织结构

事业部制组织结构是在总公司的领导下，设立多个事业部，各事业部都有各自独立的产品和市场，实行独立核算，且事业部内部在经营管理上拥有自主性和独立性的组织结构。它具有集中决策、独立经营的特点，即总公司集中决策，事业部独立经营，是一种分权式的组织结构。各事业部下设自己的职能部门，如生产、销售、开发、财务部门等。在大多数情况下，事业部可以按地区或产品来划分。目前，事业部制组织结构已成为大型企业、跨国公司普遍采用的一种组织结构，其组织结构图如图 7-4 所示。

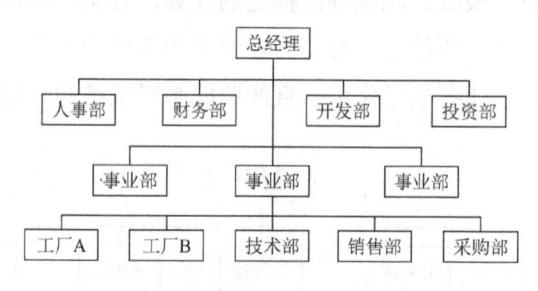

图 7-4 事业部制组织结构图

这种组织结构模式的优点：事业部经营单一产品系列，对产品的生产和销售实行独立经营，便于灵活地根据市场动向做出相应的决策，取得竞争的主动权；有利于公司最高管理者摆脱日常生产经营业务工作，专心致力于公司的战略决策和长期规划；有利于调动部门和员工的主动性和创造性；有利于锻炼和培养管理人员，提高部门管理者的专业知识、管理能力和工作效率；便于公司考核和评定部门的生产经营成果，促进各事业部的利益与整个公司利益之间的协调一致。

这种组织结构模式的不足之处：容易产生本位主义，由于允许事业部之间进行竞争，会影响事业部之间先进技术和科学管理方法的交流，并为总公司推进事业部组成统一经营系统带来困难；各事业部均设置了职能部门，造成管理机构重叠、管理人员浪费，并增加了管理费用。

五、矩阵制组织结构

矩阵制组织结构是指把按职能划分的部门和按产品或项目划分的小组结合

起来组成一个矩阵,使同一名管理人员既同原职能部门保持组织与业务上的联系,又参与小组的工作。为了保证完成一定的管理目标,每个小组的成员受双重领导,一方面受原职能部门的领导,另一方面受小组的领导。此种模式适合一些需要集中多方面专业人员集体攻关的项目或企业。矩阵制组织结构图如图 7-5 所示。

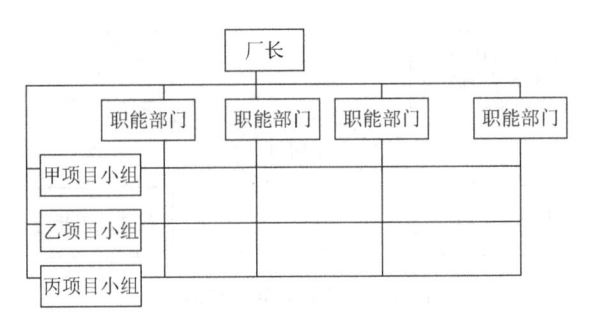

图 7-5 矩阵制组织结构图

这种组织结构模式的优点:使组织管理中的纵向联系和横向联系很好地结合起来,加强了各职能部门之间的配合,使各职能部门之间能及时互通情况,使小组成员能够比较协调灵活地执行任务,提高工作效率;把不同部门的专业人员组织在一起,有利于激发其积极性和创造性,培养和发挥专业人员的工作能力,提高其技术水平和管理水平;将完成某项任务所需要的各种专业知识和经验集中起来,有利于加速开发新技术和试制新产品,有利于推广现代科学管理方法,同时也为企业综合管理和职能管理的结合提供了组织结构模式;这种组织结构模式具有较好的适应性和稳定性,每个小组所担负的产品或项目,可以根据具体情况进行相应调整。

这种组织结构模式的不足之处:由于按产品或项目划分的小组是临时性的组织,容易使成员产生短期行为;小组成员的双重领导问题可能会使工作出现矛盾。

六、网络型组织结构

网络型组织结构是一种小型的核心组织结构,其结构趋向扁平。它与其他组织结构不同,没有直线结构,只有从事协调和控制的职能部门。它是通过与其他组织签订合同,从外部买入各种业务和服务来完成其本身业务的。它通过契约建立了一种关系组织,保持了组织的灵活性,使组织对动荡的环境有较强的适应能力。网络型组织结构适用于环境动荡、产品批量化、品种复杂化的商业组织,其组织结构图如图 7-6 所示。

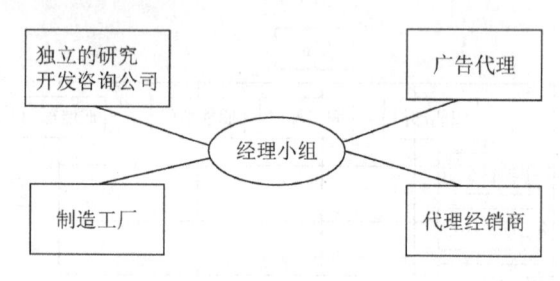

图 7-6　网络型组织结构图

这种组织结构模式的优点:运营成本低,适应能力和应变能力强;组织结构具有很大的灵活性,网络中各个价值链部分可以根据市场需求的变动情况进行增加、调整或撤并;此种组织结构简单、精练,组织中的大多数活动都实现了外包,而这些活动更多的是靠电子商务来协调处理的,因此组织结构可以进一步扁平化,从而进一步提高效率。

这种组织结构模式的不足之处:外部单位的工作质量难以控制,创新产品的设计成果容易被他人窃取。

第三节　组织变革

一、组织变革的含义与内容

1. 组织变革的含义

组织变革是指组织为了适应内外部环境的变化,对组织的目标、结构及组成要素等适时而有效地进行的各种调整和修正。组织是为实现管理目标服务的,当管理目标发生变化时，组织也需要通过变革自身来适应这种新的要求。即使管理目标没有发生变化，但影响组织的内外部环境如果发生了变化，那么组织也需要对自身进行变革，从而保证管理目标的实现。因此，组织不是僵化的、一成不变的。管理目标的变化，或者影响组织和管理目标实现的内外部环境的变化，很大程度上都会引起组织模式、组织结构及组织关系等的相应变化，否则就无法确保管理目标的实现。

一般来说，组织结构应力求相对稳定，频繁而不必要的变动对于实现管理目标是不利的。但任何组织都处于动态的变化中，由于组织内外部环境的变化，影响管理目标的各种因素的变化，组织也会通过变革而发生某些变化，一成不变的组织几乎是不存在的。不变革的组织是没有生命力的，是必然要走向衰亡的。可以说，组织的变革是绝对的，而组织的稳定是相对的。

2. 组织变革的内容

组织变革大致涉及 4 个方面的内容：组织的成员、组织的任务与技术、组织的结构和组织的环境等。针对不同的变革内容，变革对策也是不同的。

（1）以成员为中心的变革。通过对组织成员的知识、技能、行为规范、态度、动机和行为的变革，来达到组织变革的目的。

（2）以任务与技术为中心的变革。通过对组织工作与流程的再设计，对完成组织目标所采用的方法和设备的改变及对组织目标体系的改变达到组织变革的目的。

（3）以组织结构为中心的变革。通过对组织的目标体系、权责体系的改变，以及角色关系的调整，来达到组织变革的目的。

（4）以组织环境为中心的变革。通过调节和控制组织的内外部环境，达到组织变革的目的。

组织变革的 4 个方面及在各自基础上制定的各种变革策略是相互依赖、相互影响、相互促进的。在制定组织变革策略的过程中，它们往往会构成一个完整的变革规划体系。当然，由于不同组织所处的外部环境及组织内部状况的不同，在选择组织变革的内容时，其侧重点是不同的。

二、组织变革的动因

组织变革是任何组织都不可回避的问题，也是组织发展过程中的一项经常性的活动。诱发组织变革的主要动因有以下几点。

1. 环境动因

组织是一种开放的系统，其与环境之间存在着各种各样的联系，所以环境变化是引起组织变革的主要动因之一。通常，环境越不确定，就越要求组织形式灵活且富有弹性。

2. 技术动因

任何组织都需要利用一定的技术将投入转化为产出。随着当代科学技术日新月异的发展，特别是电子信息化、办公自动化，尤其是网络技术在政府组织的广泛普及与应用，这些都促使组织要相应地进行变革：组织结构从金字塔型向扁平型发展；组织权力结构走向分权化；组织信息结构走向网络化、交互化；组织管理方式趋于民主化等。

3. 职能动因

职能是组织存在的依据，组织是职能的载体和承担者。因此，职能的变化必然会引起组织结构的变化。随着经济体制改革的进行和市场机制的逐步形成，各种职能均发生了改变，使重新调整组织结构成了不可避免的事情。

4. 人事动因

组织与人事密切相关，人事变动会对组织结构产生影响。这里所说的人事变动及影响包括两种情况：一是组织中高级管理者的变动对组织的影响，不同的管理者会采用不同的管理策略，从而也会对组织结构提出不同的要求；二是人员素质的变化对组织的影响，以高素质管理者为基础的组织多是一个精干、高效的组织,以低素质管理者为基础的组织则多是一个臃肿、低效的组织。

5. 组织目标和价值观念的动因

组织目标反映了组织的价值观念和对客观环境的判断,是组织战略的凝聚点。因此,组织目标的重新制定或修正,都将引起组织变革。组织的价值观念是组织的动力源泉和理性后盾,而组织目标的制定或修正本身是组织价值观念体系平衡的结果,价值观念方面的变化必然会引起组织目标的变化,并通过组织目标的变化对组织变革起到强烈的推动作用。因此,价值观念在许多条件下构成了组织变革的原动力,并往往为组织变革提供长期和持久的推动力。

三、组织变革的阻力与对策

1. 组织变革的阻力

组织变革的阻力是指人们反对变革、阻碍变革甚至对抗变革的制约力,它可能来源于个体、群体,也可能来源于组织本身及外部环境。组织变革阻力的存在给管理者提出了严峻的组织变革管理任务。组织变革不可能一帆风顺,其变革过程会遇到来自各方面的阻力。深刻认识这些阻力,并设法排除它们是保证组织变革顺利进行的基本条件。组织变革的阻力主要来源于以下几个方面。

(1)误解方面的阻力。人们对组织变革的认知有时差别很大,这就可能导致人们基于理解不清或理解混乱而产生抵制、干扰组织变革的行为。有时,组织变革前的信息沟通不够,也会引起相关人员的不满和误解,形成一定阻力。事先消除误解,将有助于组织变革的顺利进行。

(2)利益方面的阻力。组织变革意味着组织内权力、利益和资源的调整或再分配,因此可能会触动一部分人的切身利益,进而引起这部分人的不满,形成阻力。来自利益方面的阻力是较为顽强的且富有破坏力的,管理者对此应当始终保持高度的警惕。通常,组织变革带来的预期收益低于预期成本时,人们就会对组织变革持反对态度。

(3)成本方面的阻力。组织的变革都要付出一定的成本,如变革所需的时间、变革中的各种损失及变革所需的财政经费等。如果成本投资大于收益时，组织变革就难以继续进行。

（4）变革不确定性方面的阻力。组织变革会给组织带来新观念、新技术及新结构等，这些新的东西是人们不了解和不熟悉的，因此人们通常会产生不安全感，从而对变革持有一定的观望和保留态度。再加上组织变革的复杂性，人们很难在变革付诸实践之前证明变革是有益的，也很难对自己从变革中获得的预期收益进行精确计算，这就使人们对变革产生疑虑，进而形成消极态度，产生抵触性行为，妨碍和制约变革的顺利进行。

（5）习惯性方面的阻力。组织成员长期处在一个特定的组织环境中从事某种特定的工作，就会不自觉地形成对这种环境和工作的认同，形成关于环境和工作的一套较为固定的看法和做法，这就是习惯性。这种习惯性一旦形成，就会在一段较长的时期内影响甚至支配成员的心理活动和行为。而组织变革通常意味着是对某种习惯性的否定，这在一定程度上会导致组织成员产生不良反应，形成抵制态度。

2. 组织变革的对策

组织变革的过程是增强动力与减少阻力的过程。管理者应积极创造条件消除阻力，以保证组织变革的顺利进行。组织变革的对策有以下几种。

（1）客观分析组织变革的动力和阻力的强弱。组织变革的动力和阻力并不是相对独立的，而是相互作用和影响的，并且保持着动态平衡。任何一项组织变革，都存在着动力与阻力两种对抗力量，动力可以发动并维持变革，阻力则阻止变革发生或进行。当两种力量处于平衡时，组织保持原状；当动力大于阻力时，组织变革发生并向前发展；当阻力大于动力时，组织变革受到阻碍，甚至有可能倒退。所以，管理者应全面了解组织变革的动力和阻力的相互作用关系，才能保持系统的稳定，确保组织变革的顺利进行。

（2）精心设计方案，加强组织变革宣传。制订合理而完善的组织变革方案，是保证组织变革成功的基本前提。一些组织变革未能取得成功的一个重要原因，就是缺少一个科学且行之有效的组织变革方案。组织变革前的宣传工作也十分重要,它可以让成员在组织变革前就进行充分的沟通与讨论,这既有助于宣传组织变革的意义,消除成员的误解,又有助于制订合理的组织变革方案。

(3)进行人事调整,做好组织保证。通常,在进行重大的组织变革之前,需要对组织中某些关键性职位进行人事调整,以便从宏观的组织体系上保证未来的组织变革能够顺利进行。但这种人事调整范围不宜过宽,避免产生震荡。

(4)提高组织成员对组织变革的参与程度。组织成员参与组织变革的活动包括共同选择和拟定组织变革方案、共同分享情报资料、及时公布组织变革的进展情况等。对出现的问题尽量采取民主协商的方式,增强组织成员的心理满足感和成就感,减少思想阻力,从而促进组织变革的顺利进行。

(5)正确运用组织动力,消除成员对组织变革的抵制心理。组织成员应形成对组织变革的共同认识,认清组织变革的必要性和重要性,在组织内形成要求组织变革的强大力量。管理者可通过各种形式和途径力争组织变革的目标与组织的共同目标最大限度地重合或协调,以有效影响组织成员的态度与行为;利用组织良好的规范对抵制组织变革的个别成员施加压力,使他们遵从组织行为,但尽量避免采取强硬措施,以免引起强烈抵制。

(6)强化革新行为。管理者应对在组织内表现出新态度、新行为的团体和个人给予积极的宣传和充分的肯定,以产生扩散效用。组织公开的变革态度和倾向性,尤其是组织高层管理者的公开的变革态度和倾向性,是克服或抑制变革阻力的一个重要因素。

(7)折中妥协。在组织变革阻力强大且持久,而组织又必须要进行某种变革的情况下,组织将不得不接受现实的压力,放弃较高的目标,以降低目标的方式来换取有限目标的实现,即折中妥协。在实际中,很多组织变革都存在这一现象,只是折中妥协的程度和方式不同。

(8)提高管理者的素质,完善管理行为方式。若组织内的高层管理者作风正派、秉公办事,具有较高的群众威信,他们的行为就会对组织成员产生较大影响力,他们提出的组织变革主张也会更容易被接受;反之,若管理者拉帮结派,甚至以权谋私,则会引起组织成员的反感,他们提出的组织变革措施就难以产生积极反应,甚至会引起组织成员的抵触。

（9）妥善安置因组织变革而利益受损的成员。组织在变革以前和变革中都要慎重且妥善地考虑如何安置那些因组织变革而利益受损的成员，要设法使其中能继续工作的成员安心工作，以减少来自利益方面的阻力，保证组织变革的顺利进行。因组织变革而利益受损的成员往往是造成组织变革夭折的主要因素。

四、组织变革的趋势

随着经济全球化和知识经济时代的到来，对组织变革发展趋势的研究与预测具有非常重要的意义。目前，组织变革的趋势包括以下几个方面。

1. 组织的动态性和灵活性

这是组织变革的首要趋势，只有主动应变才能求得生存和发展。所以，加强对多个目标的协调，注重管理知识的积累及现代信息技术的应用尤为重要。

2. 组织扁平化

由于计算机技术的广泛应用，组织的信息收集和各种控制手段趋于现代化，传统的层级结构正向扁平化组织结构模式演进。在当今组织结构的变革中，减少中间层次，加快信息传递速度已经成了一种趋势。

3. 组织团队协作化

团队组织打破了传统的部门界限，形成了以任务为中心、直接面对服务对象、以群体和协作优势来赢得竞争、注重发挥整体优势的组织结构和理念。这是一种新的以"团队"为核心的组织变革趋势。

4. 组织运作柔性化

柔性的概念最初起源于柔性制造系统，指的是制造过程的可变性和可调整性，描述的是生产系统对环境变化的适应能力。后来，柔性被应用到企业的组织结构中，指企业组织结构的可调整性及对环境变化、战略调整的适应能力。

与工业经济时代相比,在知识经济时代,外部环境变化的速度大大加快,这就要求组织变革必须及时,因此柔性组织结构应运而生,使得组织结构的运作带有柔性化的特征。

5. 加强学习型组织

知识经济时代的组织必须不断学习和更新。在这个充满希望和竞争的时代,组织不仅需要培养大批的管理专家,还需要培养具有全球眼光的战略组织家,从而更加开放、灵活,更加具有动态性和适应能力,这是组织的魅力和希望所在。组织要保持领先的唯一办法就是比对手更快、更好地学习。

实例分析

案例:王教授的建议

H市宇宙冰箱厂近几年来有了很大的发展。该厂厂长周某是个思路敏捷、有战略眼光的人。早在前几年"冰箱热"的风潮中,他已预见到之后几年中"冰箱热"会渐渐降温,冰箱将由"畅销"变为"滞销",于是命该厂新产品开发部着手研制新产品,以保证企业能够长盛不衰。果然,时隔不久,冰箱市场急转直下,各大商场的冰箱都存在着不同程度的积压。好在宇宙冰箱厂早已有所准备,立即将研制生产的小型冰柜投入市场,这种冰柜物美价廉,一经面市便立即受到广大消费者的欢迎,使宇宙冰箱厂不仅保证了原有市场,还开拓了新市场。

但是,近几个月来,宇宙冰箱厂的产品销售出现了一些问题,用户接二连三地退货并要求赔偿,这严重影响了该厂的声誉。究其原因,原来问题主要出在生产上。主管生产的副厂长李某是半年前从H市二轻局调来的,她今年42岁,是个工作勤恳、兢兢业业的女同志,口才好,有一定的社交能力,但对冰箱生产技术不太了解,组织生产能力欠缺,该厂常因所需零部件供应不足而停产,加之零部件质量检验没有严格把关,尤其是外协件的质量常常不能保证,这导致产品接连出现问题,影响了该厂的销售收入,使原来较好的产品形象受到了一定程度的损害。这种状况如果不及时改变，该厂几年来的努力也许会付诸东流。周厂长为此很伤脑筋，有心要把李副厂长撤换下去，但又为难，因为李副厂长是市二轻局派来的干部，和上级联系密切，并且她也没有犯什么错误，如硬要撤，也许会弄僵上下级之间的关系（因为该厂隶属于市二轻局）。如果不撤换，长此以往，该厂很可能会出现亏损局面。周厂长想来想去不知如何是好，于是就去找该厂的咨询顾问某大学的王教授商量，王教授听罢周厂长的诉说，思考了一阵，对周厂长提出了自己的建议。周厂长听后，喜上眉梢，连声说："好办法！好办法！"于是便按王教授的建议回去组织实施。果然，不出两个月，该厂又恢复了生机。王教授到底如何给周厂长出谋策划的呢？原来他建议该厂再设一生产指挥部，把李副厂长升为副指挥长，另任命懂生产、有能力的赵某为生产指挥长，由赵某主管生产，而让李副厂长负责抓零部件、外协件的生产和供应，这样既没有得罪二轻局，又使该厂生产指挥的强化得到了保证，同时又充分利用了李、赵两位同志的特长，调动了两人的积极性，解决了一个两难的问题。

小刘是该厂新来的大学生，他看到厂里近来一系列的变化，很不理解，于是就去问厂长："厂长，咱们厂已经有了生产科和技术科，为什么还要设置一个生产指挥部呢？这不是机构重复设置吗？我在学校里学过有关组织设置方面的知识，从理论上讲组织设置原则应该'因事设人'，咱们怎么'因人设事'呢？这不是违背组织设置原则了吗？"周厂长听完小刘一连串的提问，拍拍他的肩膀说："小伙子，这你就不懂了，理论是理论，实践中并不见得都有效。"小刘听了，仍不明白，难道是书上讲错了吗？

【点评】

这是一篇关于企业领导者进行组织结构调整的案例。该冰箱厂组织结构调整很小，涉及的战略变化很少，虽有"因人设事"的嫌疑，但却解决了冰箱质量这一重大问题，使冰箱厂恢复了生机。所以，管理者有时根据组织成员的特征设置组织结构也是有必要的。这一案例告诉我们无论从事何种活动，都要理论联系实际，绝不能犯教条主义错误。

课外习题

案例分析题

1. 王明任职于一家合资企业,由于其工作努力,责任心强,很快就被总经理赏识,并委以重任——改革公司的现状。王明雄心勃勃地和同事一起策划、实施,并出现了一些成果。但是,此次变革动摇了副总的一些亲信及亲戚的利益,为此该副总趁总经理等人出差之际,令亲信进行员工满意度调查,结果王明的满意度极低。该副总以此为据,要求总经理撤换掉王明,王明不愿给领导造成困扰,也不愿意给和自己一起努力的同事造成麻烦,所以想辞职,离开这个是非之地,希望能够找到一个可以让员工全心全意为公司工作的地方。

分析问题:

(1) 从组织变革的角度出发,分析此次变革的阻力主要是什么?

(2) 王明该如何应对这些阻力?

2. 某民营玩具生产企业的产品主要销往国际市场。随着我国对外开放政策的实施,其市场不断扩大,销售额和出口额以年均20%的速度增长,企业的生产经营规模也在不断扩大,员工由最初不足200人增加到近2000人。虽然企业的生产经营规模不断扩大,但该企业的组织结构没有进行任何调整,仍然沿用最初建立时的类似直线制组织结构,李厂长是绝对的领导,对企业的生产、销售、财务和人事等各项工作全面负责,且在许多具体问题上亲力亲为。但是,最近一段时间,企业遇到了一些事情,让李厂长应接不暇。第一,玩具生产是按合同订单执行的,生产指令由厂长向各部门、各车间下达,遇到订单紧急的情况,往往是由厂长带头,全体员工加班加点赶任务。在这种赶任务、赶工期的情况下,难免会出差错,偶尔会出现玩具质量不达标的问题,导致产品被客户退回,严重的甚至还要赔款。第二,随着企业规模的扩大和业务量的增加,企业急需招聘专业的管理人员和技术人员,并且需要对新员工进行系统培训,而以往的人员招聘方式也需要进行相应的调整。第三,企业的后勤管理没有设置专门的机构及配备相应的人员,传统的做法是厂长临时派人去做。现在事情多了，传统做法已经落后了。凡此种种，以前运行良好的组织机构和有效的管理方法等都失去了作用。面对现状，李厂长常有力不从心的感觉，同时他也在不断思考应该如何解决现有的问题，以便更好地适应企业不断发展的需要。

根据上述资料，回答问题：

（1）该企业目前采用的是何种组织结构？这种组织结构有何特点？

（2）你认为现有的组织结构能否支持企业的发展？企业的组织结构应进行哪些调整？

第八章 领导

【教学目标】

1. 了解领导的含义与实质。
2. 理解领导是一门艺术。
3. 掌握各种领导理论的内涵。

管理的组织职能，是对组织的资源进行配置，但要想让其运作，还需要通过管理的领导职能来完成。管理的领导职能是指通过领导者实施影响下级的领导行为，将组织成员的个体目标和组织目标进行有效匹配。

第一节 领导概述

一、领导的含义与实质

领导是管理的重要职能之一。目前，虽然学术界对领导的定义有众多版本，但其基本思想是一致的。领导包括两层含义：一是领导者；二是领导者的领导行为。领导是管理者带领和影响被领导者实现组织目标的各种行为过程。通俗地讲，领导是领导者在与被领导者的交往过程中，通过引导、影响和激励被领导者执行某项任务，以达到特定目标的一种行为。领导的实质是一种对他人的影响力，即领导者对被领导者及组织行为的影响力。这种影响力通过领导的方式（或称领导艺术）促使被领导者心甘情愿地为实现组织目标而努力工作。

上述领导的概念应把握以下几点。

（1）领导是一个影响过程。

（2）领导的作用在于激发被领导者的潜力，以实现组织目标。

（3）领导的方式或领导的艺术是有效沟通，这是领导职能得以发挥的前提。

（4）注意领导与管理、领导者与管理者的异同。

领导是管理职能之一，即领导活动是组织内部诸多管理活动中的一种。在管理学中，领导一般是与权力和地位联系在一起的，领导者与被领导者之间通常存在上下级关系。一般来说，管理者与被管理者之间只是组织中分工不同的协作劳动关系。例如，公司计财处处长和计财处的其他工作人员都是计财工作的管理者，但不全是领导。所以，管理者不一定是领导者，而领导者应当是管理者。本章中的领导者是指处于管理职位并能影响他人行为的人。当然，领导者权力机制的形成，除组织赋予的法定权及其派生的奖赏权和强制权外，与领导者个人的专长、表率作用和人格魅力也有很大的关系。

二、领导要有艺术思维

领导这一活动过程，既是一门学问，又是一门艺术。作为领导行为主体的领导者想要工作卓有成效，不仅要有科学的领导理论作为指导，还要讲究领导艺术。领导艺术就是领导者以一定的知识、经验、才能和气质等因素为基础，巧妙地运用各种领导条件、领导原则和领导方法所表现出来的才能。领导艺术是领导者的一种特殊才能。这种才能表现为领导者创造性地灵活运用已经掌握的科学知识和领导方法，是领导者的智慧、学识、胆略、经验、作风、品格、方法及能力的综合体现。

领导者在进行领导的过程中，要面对不同的人和不同的事物。因此，领导者要灵活地运用各种领导方法，创造性地开展工作，以实现组织目标。领导艺术的内容非常丰富，一般包括以下几个方面。

1. 科学决策是一门艺术

尽管决策内容非常广泛，但无论是做何种决策，都要有一个科学的决策过程，科学决策就是一门艺术。

（1）准确掌握和利用信息。

进行决策之前，要想做到知己知彼，就必须掌握决策所需要的各种信息。分析各种方案的可行性，在很大程度上取决于信息的及时、准确和完整。因此，善于掌握和利用信息，需要高超的艺术。

（2）针对不同的决策问题，采取不同的决策方法。

针对短期性和程序化的决策，可以采用经验判断法或主观决策法，即领导者依靠长期积累的知识和经验，以及相关的能力和现有的资料，通常可以提出比较正确的决策目标和方案。这种方法的有效程度取决于领导者的智慧、能力和艺术。针对非程序性、风险型和非确定型的决策，可以采用计量的决策方法。常用的有概率法、期望值法和决策树法等，即领导者运用数学决策的技巧，把与决策有关的变量与变量之间、变量与目标之间的关系用数学关系表示出来，建立数学模型，根据决策条件，通过计算确定决策方案。针对战略性的长期决策，一般采用集体决策的方法，即领导者发挥集体智慧，广泛听取各方意见。

2. 科学用人是一门艺术

（1）知人善用的艺术——用人用其德才，不受名望、年龄、资历及关系亲疏的影响。

（2）量才适用的艺术——帮助员工找到自己的最佳工作位置。

（3）用人不疑的艺术——对委以重任的员工，应当适当放手，合理授权，使他们能够对所承担的工作任务全权负责。

3. 适度批评是一门艺术

表扬、奖励是一门艺术，而批评与指责更是一门艺术。

（1）弄清批评的原因。掌握事情的真实情况，确保批评的准确性。

（2）选择批评的时机。批评要及时，以免不良行为的蔓延。

（3）注意批评的场合。尽量避免当众批评，特别注意不要在被批评者的下级面前进行批评。

（4）讲究批评的态度。批评者要对人真诚、公正，要帮助被批评者认识发生过失的主客观原因，并指出改正方向。

（5）正确运用批评的方式。点名批评与不点名批评相结合，批评与奖励相结合等。

4. 正确处理人际关系是一门艺术

（1）善于了解和认识组织成员。领导者可以根据组织成员的言论、日常待人接物的表现及爱好等，去了解一个人的德、才、学、识、体、能、勤等各方面。既看现象，又看本质。

（2）善于调动、激励组织成员。领导者的行为激励对调动组织成员的积极性有直接影响，领导者的模范表率对组织成员具有榜样作用。领导者可大胆利用目标激励、奖惩激励、参与激励及关怀激励等方式，调动组织成员的积极性。

（3）处理好与下级的关系。领导者要正确看待自己，主动承担责任，不能把罪过推给下级。领导者要与人为善，善于运用感情，尊重和关怀下级。领导者还要以身作则，努力培养自身威信。

5. 科学利用时间是一门艺术

时间对于每个人来说，都很宝贵。特别是领导者，因为他要处理大量的事情则更需要时间。因此，科学地利用时间是领导者必须具备的能力，一般包括以下几种技巧。

（1）要养成记录时间的习惯。领导者可以每天把自己所做的事情及其所消耗的时间记录下来，每隔一段时间对自己的时间消耗进行分析，找出时间利用上的不合理之处，并加以改进。长期坚持下去，就会掌握充分利用时间的方法，提高自己的工作效率。

（2）学会合理地安排时间。领导者的时间安排是否合理，不仅与领导者个人的工作习惯、个人职责有关，还与组织的管理体制及组织结构有关。通常，领导者应把主要的时间用来学习、思考、研究业务和研究决策方案等。

（3）提高会议效率。在组织中，会议是交流信息的有效方式。会议不仅占用了领导者的时间，也占用了参加会议人员的时间。因此，领导者在开会之前一定要认真考虑会议开展的必要性。如果有必要，一定要事先考虑好会议的日程，提高会议效率。

第二节 领导理论

一、领导特质理论

西方管理学把一个有效的领导者应具备哪些特性或素质的研究成果称为领导特质理论，领导特质理论的基本观点是领导者的个人品质或特征是决定领导效果的关键因素。

传统的特质理论认为领导所具有的特质是天生的，是由遗传因素决定的。著名管理学家吉赛利提出了领导者应具有的8种个性特质和5种激励特质。

8种个性特质具体包括以下几个方面：

（1）才智，语言与文字方面的才能；

（2）首创精神，开拓创新的愿望和能力；

（3）督察能力，指导和监督别人的能力；

（4）自信心，自我评价高、自我感觉好；

（5）决断力，决策判断能力较强，处事果断；

(6) 适应性，善于和下属沟通信息；

(7) 性别，男性与女性有一定的区别；

(8) 成熟程度，经验、工作阅历较为丰富。

5 种激励特质包括对工作稳定性的需求、对物质金钱的需求、对地位权力的需求、对自我实现的需求及对事业成就的需求。

1969 年，吉伯认为天才领导者应该具有 7 种特质：善于言辞、外表英俊、智力高超、充满自信、心理健康、有支配他人的趋向及外向敏感等。后来，斯托格迪尔等认为领导者应具有 10 种特质。

特质理论的最近研究发现，与领导有效性有关的关键能力包括驱力、领导动机、正直、自信、智慧、商业知识和情绪。

二、领导行为理论

领导行为理论研究的是领导者的行为。该理论认为，一个领导者的成功主要是靠其领导行为和领导风格，并且认为领导行为和领导风格是可以后天培养、锻炼出来的。有关领导者行为的研究主要有领导方式理论、连续统一体理论、领导行为四分图理论和管理方格理论。

1. 领导方式理论

领导方式理论是由德国心理学家勒温通过一系列实验在 20 世纪 30 年代提出来的。他认为领导者存在以下 3 种领导方式。

(1) 专断型领导方式——领导者个人决定一切，靠权力和命令让人服从。

(2) 民主型领导方式——领导者与下级共同讨论，上下融合，合作一致地开展工作。

(3) 放任型领导方式——领导者放手不管，下属完全自由。

一般而言，民主型领导方式效果最好，专断型次之，放任型效果最差。但是，上述结论并不绝对，必须根据管理目标、管理环境等因素灵活选择领导方式，只有最适合的领导方式才是最好的领导方式。

2. 领导行为连续体理论

领导行为连续体理论是由美国管理学家坦南鲍姆和施密特于1958年提出的。这种理论认为领导行为是包含了各种领导方式的连续统一体。连续体的最左端表示的是领导行为是专断型的领导；连续体的最右端表示的是将决策权授予下级的民主型的领导。在管理工作中，领导者运用的权力和下级拥有的自由度之间是一方扩大另一方缩小的关系。一位专断型的领导掌握完全的权威，自己决定一切，他通常不会授权给下级；而一位民主型的领导在决策过程中，会授权给下级。民主型和专断型只是两个极端，两者中间还存在着多种领导方式，以下列举了7种有代表性的领导方式，如图8-1所示。

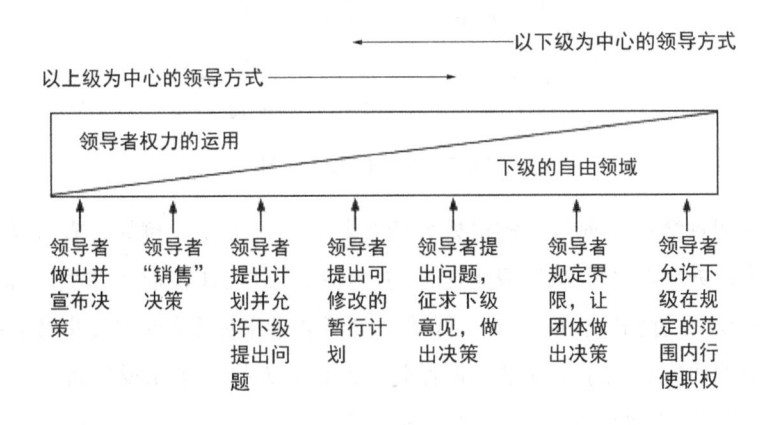

图 8-1 领导方式示意图

领导者应根据员工、环境等因素的特征和要求，有针对性地在一系列备选的领导方式中选出最合适的一种。如果下级有独立做出决定并承担责任的愿望和要求，并且他们已经做好了准备，领导者可在了解了他们能理解所规定的目标和任务，并有能力承担这些任务后，授予他们较大的权力。如果这些条件并不具备，领导者就不要把权力授予下级。

3. 领导行为四分图理论

领导行为四分图理论是 1945 年由美国俄亥俄州立大学的领导行为研究者们提出的。他们列出了一千多种刻画领导行为的因素，将其高度概括为两个方面：着手组织（领导者规定他与工作群体的关系）和体贴精神（建立领导者与被领导者之间的友谊、尊重及信任关系方面的行为）。学者们认为，组织与体贴不是一个连续带的两个端点，不是注重一个就忽视另一个。领导者的行为可以是两个方面的任意组合，即可以用二维坐标表示，如图 8-2 所示。

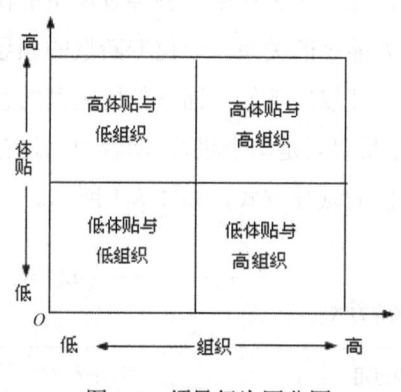

```
        高 │
           │  高体贴与    高体贴与
           │  低组织      高组织
        体 │
        贴 │─────────────────────
           │  低体贴与    低体贴与
           │  低组织      高组织
        低 │
           └─────────────────
           O  低    组织    高
```

图 8-2 领导行为四分图

上述四种情况，究竟哪种最好？应视具体情况而定。例如，有人认为在生产部门中，效率与"组织"成正比，与"体贴"成反比，而在非生产部门中情况恰恰相反。一般来说，高组织与低体贴可能会带来更多的旷工、事故和抱怨。许多其他的研究证实了上述的一般结论，但也有人提供了相反的证据。出现这种情况的原因是他们只考虑了"组织"和"体贴"两个方面，而没有考虑领导者所面临的环境。四分图理论把领导行为归纳为体谅和体制。

4. 管理方格理论

管理方格理论是 1964 年由美国行为科学家罗伯特·布莱克和简·莫顿提出的，并且他们巧妙地设计出了管理方格图。在管理方格图中，横向表示领导者对生产的关心程度，纵向表示领导者对人的关心程度，横纵均 9 等分，从而形成了 81 种领导方式。管理方格图如图 8-3 所示。

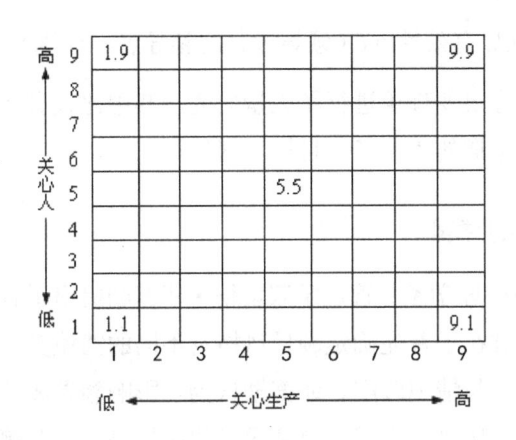

图 8-3　管理方格图

这里只列举其中 5 种典型的领导方式。

（1）1.1 型：放任式领导方式，应用这种领导方式的领导对生产和人的关心程度都很低，领导仅仅扮演一个"信使"的角色，单纯地把上级的信息传达给下级。

（2）9.1 型：任务式领导方式，应用这种领导方式的领导对生产的完成情况很关心，但很少去注意人，即员工的状况。只抓业务，不抓思想。

（3）1.9 型：关系式领导方式，应用这种领导方式的领导只注重创造良好的人际关系，很少去关心生产的完成情况。

（4）9.9 型：协作式领导方式，应用这种领导方式的领导对于生产和人都表现出最大的关心，这类领导才是真正的"集体主管者"。

（5）5.5 型：中间路线式领导方式，应用这种领导方式的领导对生产和人都有中等程度的关心，其目的是维持正常的生产效率和人际关系。

三、领导权变理论

领导权变理论强调领导无固定模式，领导效果因领导者、被领导者和工作环境的不同而不同。其基本观点可用以下公式表示：

$$领导有效性 = f(领导者、被领导者、环境)$$

西方学者对领导权变理论进行了大量研究，其中比较有代表性的理论有菲德勒的权变模型和豪斯的"路径—目标"理论。

1. 菲德勒的权变模型

1951 年，美国心理学家、管理学家雷德·菲德勒提出了有效领导的权变理论。这一理论的关键在于首先确定领导风格及不同的情境类型，然后建立适宜的领导风格，并使之与情境匹配。菲德勒认为，影响领导成功与否的关键因素之一是领导者的领导风格。为了测定领导者的领导风格，菲德勒设计了"最难共事者问卷"，问卷可以测定出领导者的领导风格是工作任务型还是人际关系型。同时，他也指出有一小部分人是介于两者之间的。

测定了领导风格后，就要确定情境类型，并将领导风格与情境类型进行匹配。菲德勒通过研究，揭示了确定情境类型的 3 项基本因素，即上下级关系、任务结构和职位权力。他将 3 项因素任意组成 8 种情况，针对这 8 种情况，菲德勒对 1200 多个团体进行了调查分析。调查结果表明：处于最不利和最有利两种环境时，采取"以工作任务为中心"的领导方式效果较好；而处于中间状态的环境时，采取"以人为中心"的领导方式效果较好。具体情况如图 8-4 所示。

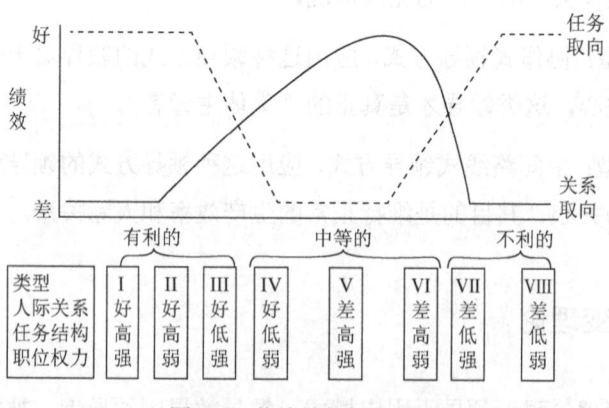

类型	I	II	III	IV	V	VI	VII	VIII
人际关系	好	好	好	好	差	差	差	差
任务结构	高	高	低	低	高	高	低	低
职位权力	强	弱	强	弱	强	弱	强	弱
	有利的			中等的			不利的	

图 8-4 菲德勒的权变模型

菲德勒认为领导者的领导风格是稳定不变的。提高领导有效性有两条途径：

一是替换领导者以适应情境；二是改变情境以适应领导者。

2. 豪斯的路径—目标理论

路径—目标理论是由加拿大多伦多大学教授罗伯特·豪斯提出的。该理论把领导方式分为 4 种，即指示型领导方式、支持型领导方式、参与型领导方式和成就取向型领导方式。豪斯认为，领导者不仅可以改变领导方式，还应该根据不同的环境特点来调整领导方式。与菲德勒不同，豪斯主张领导方式的可变性。他认为，领导方式是有弹性的，这 4 种领导方式可能在同一个领导者身上出现，因为领导者可以根据不同的情况斟酌选择，在实践中采用适合下级特征和工作需要的领导方式。豪斯强调，领导者的责任就是根据不同的环境条件来选择不同的领导方式。如果强行用某一种领导方式在所有环境条件下实施领导行为，必然会导致领导活动的失败。

如果下属是教条的和权力主义的，任务是不明确的，组织的规章制度和程序是不清晰的，那么指示型领导方式较为合适。

对于结构层次清晰、令人不满意或者令人感到灰心的工作，领导者应该采用支持型领导方式。当下级从事机械重复性的和没有挑战性的工作时，支持型领导方式能够为其提供工作本身所缺少的"营养"。

当任务不明确时，参与型领导方式效果较好，因为让下级参与活动可以使其厘清达到目标的途径，使下级懂得通过什么途径来实现目标。另外，如果下级具有独立性，具有强烈的控制欲，那么参与型领导方式也会产生较好的效果，因为这种下级喜欢参与决策。

如果领导者要求下级从事模棱两可的工作，成就取向型领导方式效果较好。在这种情况下，激发挑战性和设置高标准的领导者，能够提高下级的自信心，使下级感到他们的努力将会收获有效的成果。

路径—目标理论还提出影响领导行为与结果之间关系的两大情境变量：一是下级可控之外的环境；二是下级个人特点中的部分内容。图 8-5 为路径—目标理论的示意图。

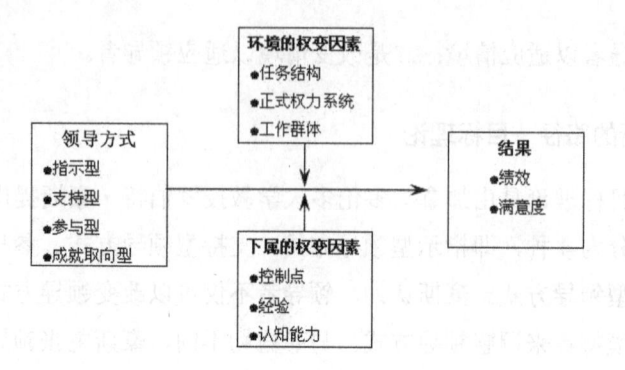

图 8-5　路径—目标理论示意图

实例分析

案例一：米齐机器公司

米齐机器公司正处于艰难时刻，这不仅归因于经济衰退，也归因于自日本进口的产品所造成的竞争。过去一段时间内，劳资关系已经相当紧张了。虽然工会经常要求给工人增加薪水，而且其薪水也得到了增加，但是在最近几个月内，事情发生了变化，劳资双方都认识到他们的前景暗淡。

公司认为它处在朝不保夕的状态中，因而要求劳方让步，并消减工作。工会召开会员大会，讨论了公司的情况，尽管有一名销售人员认为她的薪水较高，赞成消减薪水，但大多数工人并不同意，也不想做出任何让步。事实上，工人对管理部门很不信任，他们认为如果做出让步，就会促使公司提出一些额外要求。经过长时间的讨论之后，有些工人认为如果管理部门能做出一些承诺，他们就同意让步，可是公司管理部门并不想做出任何承诺。在之后的几周内，情况变得越来越坏，最后工会同意实行一些消减，但附带一个条件，即公司情况好转后，员工可以通过一定方式分享公司的利益。

一个月之后，米齐机器公司行政主管的薪水调查表发表在一家全国性的杂志上，表现出这家公司高层管理部门的信用。米齐机器公司董事长说："我希望我们像日本的公司那样，在艰难时刻，首先消减红利，然后消减高层管理部门的薪水，稍后再消减中层主管人员的薪水，至于工人的薪水则是在最后消减的。"

【点评】

这是领导者运用领导权变理论转变领导方式的案例。领导者所营造的组织气氛对能否让员工信任组织具有很大的影响。因此，领导者的首要任务就是设计和保持一个实现业绩的工作环境，使每位员工都能信任组织。

案例二：老板是自己人

左洪君是湖南美佳制革有限公司的老板，他成功地将一个十几个人的小工厂在3年内经营成一个享誉全国的大企业。

左洪君信奉三不原则：不摆排场；不求全责备；不乱发脾气。

左洪君深谙"难得糊涂"的道理，他知道激发员工更好工作的方法是领导者通过自己做每一件事、自己每一天的工作态度，使员工相信老板是"自己人"。

美佳制革有限公司没有复杂的监管体制，没有苛刻的职员检查和复查，更没有等级森严的上下级关系，其所有的管理都模糊淡化，被无形的企业文化所替代。公司员工从心底里确信，自己不是在为老板工作，而是在为自己工作，老板也不过是职工中的一员，只是比大家更辛苦一些罢了。

作为一个大企业的负责人，左洪君一点儿"高高在上"的意识都没有。即使是面对做保洁的女工、守门的门卫，他也会像对待家人一样。

左洪君的办公室大门始终敞开着，找他办事的人在任何时候都可以直出直入。他的秘书的工作只是处理日常文件，没有替他挡驾、通报的责任。他的办公室里没有宽大豪华的老板桌，只有一张普通的写字台和几张沙发。左洪君从不隔着桌子与来访者谈话，而是像对待老朋友一样与其坐在沙发上促膝谈心。

基层员工向他反映问题时，左洪君不仅不反感，反而比对待中层干部更亲热，嘘寒问暖，耐心倾听。他认为，来自生产第一线的声音更接近事实。

左洪君平易近人、和蔼可亲，得到了员工的普遍认同。在公司遇到材料价格上涨，成品受进口产品打压的艰难时刻，所有员工都没有弃公司而走，而是积极主动地参与到公司的恢复与复兴当中，不计报酬地为公司加班加点地工作。

每个人都期望得到尊重，希望获得平等的与人交流的机会。谁给他这个机会，谁就能得到他丰厚的报答。

左洪君给了员工这个机会，所以得到了员工的一致拥护。

【点评】

"忘了"自己是老板身份，与下级打成一片，以个人魅力影响而不是靠权术统御下级的领导者，才是成功的领导者。领导者能够充分发挥带头作用，平易近人，最终得到员工的认同，这就是领导艺术的体现。

课外习题

案例分析题

1．一家公司的销售副总在外出差时家里失火了。他接到妻子的电话后，连夜赶回家，并在第二天一早去公司向总经理请假，说家里失火要请几天假安排一下。但总经理却说："谁允许你回来的？你要马上出差，如果你下午还不走，我就免你的职。"这位销售副总带着情绪无可奈何地从总经理办公室出来后又马上出差去了。

总经理听说销售副总已走，马上把党政工团的负责人都叫了过来，要求他们分头行动，在最短时间内，不惜一切代价把这位销售副总家里的损失弥补回来，并把家属安顿好。

（1）从管理方格理论分析这位总经理属于哪一种领导风格？为什么？

（2）从本案例中你可以获得哪些启迪？

（3）你赞成这位老总的做法吗？有何建议？

2．刘成耀在从西部的一所财经大学拿到会计专业的学士学位后，到一家大型会计师事务所的贵阳办事处工作，由此开始了他的职业生涯。9年后，他成了该事务所的一名年轻的合伙人。事务所执行委员会发现了他的领导潜能和进取心，遂指派他到遵义开办了一个新的办事处。新办事处的主要工作是审计，这要求员工具有高度的判断力和自我控制力。他主张员工之间以名字直接称呼，并鼓励下级参与决策制定。办事处发展得很迅速，经过 5 年，专业人员达到了 30 名，刘成耀被认为是一位很成功的领导者。于是，刘成耀又被安排到乌鲁木齐办事处当主管。他采取了他在贵阳、遵义工作时取得显著成效的同样的管理方式。他上任后，更换了绝大部分的员工，并制订了短期的和长期的客户开发计划。为了确保有足够数量的员工来处理预期扩增的业务，很快，办事处有了约 40 名员工。但在贵州成功的管理方式并没有在乌鲁木齐取得成效，办事处在一年的时间内就丢掉了最好的两个客户。刘成耀马上意识到办事处的人员过多，因此决定解聘前一年刚招进来的 12 名员工，以减少开支。他相信挫折只是暂时的，因此仍继续采用他的管理方式。在此后的几个月时间里他又招聘了 6 名员工，以适应预期增加的工作量，但预期中的新业务并没有接来，所以又重新削减了员工队伍，这次有 13 名员工离开了乌鲁木奇办事处。伴随着这两次裁员，留下来的员工感到工作没有保障，并开始怀疑刘成耀的领导能力。事务所执行委员会了解到这一问题后，将刘成耀调到昆明办事处，在那里，他的领导方式又收到了很好的效果。

（1）刘成耀作为一位领导者，其权力的来源有哪些？

（2）这个案例更好地说明了领导行为理论还是领导权变理论？说明你的理由。

（3）刘成耀在乌鲁木奇办事处没有获得成功的原因是什么？

第九章
激励与沟通

【教学目标】

1. 了解激励的含义、激励过程与激励理论。
2. 掌握激励的原则与各种激励方法。
3. 了解沟通的含义、沟通过程与沟通障碍。
4. 掌握沟通的类型及沟通的各种技巧与方法。

激励就是调动人的积极性，激励的目的在于充分发挥人的能动作用，提高组织的社会经济效益。正确的激励能在组织中形成凝聚力、向心力与战斗力，错误的激励则适得其反。从管理学的角度来看，沟通是一方为了达到设定的目的，将信息、思想和情感通过一定方式或渠道传达给对方（包括个人和群体），并期望得到对方做出相应反应效果的活动过程。

第一节 激励概述

一、激励的含义

激励是指激发和鼓励,它具有加强和激发动机,推动并引导行为朝着预定目标前进的作用。欲望、需求、希望、动机等都对人有一定的激励作用。

心理学研究表明,人的一切行为都是由动机支配的,动机是由需求引起的,而行为的方向是寻求目标、满足需求。动机是人们付出努力或精力去满足某一需求或达到某一目标的心理活动。动机的根源是人内心的紧张感,这种紧张感是因人的一项或多项需求没有得到满足而引起的。动机驱使人们向满足需求的目标前进,以消除或减轻内心的紧张感。

二、激励的过程

激励的整个过程如图9-1所示。

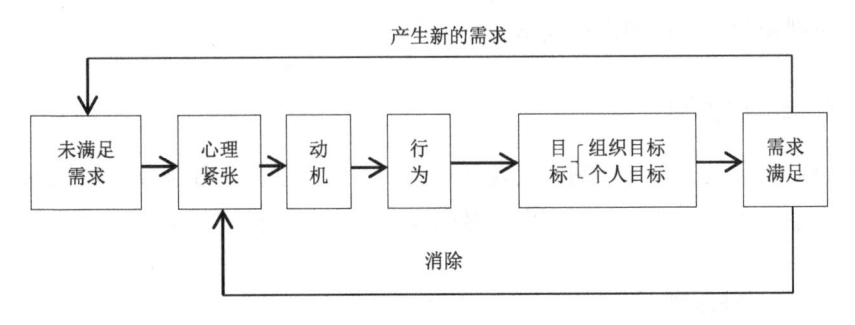

图 9-1 激励的过程

如图所示,激励过程是从需求开始,到需求得到满足的一个连锁反应。当人们的需求未得到满足时,人们会处于一种心理紧张的状态,在遇到能够满足需求的目标时,这种心理紧张就转化为动机,使人们在动机的驱使下向目标努力。在达到目标后，需求得到满足，这种心理紧张的状态就会消除。随后，又会产生新的需求，引起新的动机和行为。这就是激励过程。由此可见，激励实质上是以未满足的需求为基础，利用各种目标激发动机，驱使和诱导行为，促使目标实现，提高需求满足程度的连续的心理和行为过程。

人们在满足需求时，并非每次都能实现目标。在目标没有实现的情况下，人会产生挫折感。这时，他可能会采取积极适应的态度，也可能采取消极防范的态度，如攻击、撤退和固执等。

三、激励的原则

激励的原则包括以下 6 项。

1. 目标结合原则

在激励机制中，设置目标是一个关键环节。目标的设置必须同时体现组织目标和员工的个人需求，将组织目标与个人目标结合起来。

2. 引导性原则

激励措施只有转化为被激励者的自觉意愿，才能取得激励效果。因此，引导性原则是激励过程的内在要求。

3. 合理性原则

激励的合理性原则包括两层含义：第一，激励的措施要适度，要根据所实现目标本身的价值大小确定适当的激励量；第二，奖惩要公平。

4. 明确性原则

激励的明确性原则包括 3 层含义：第一，明确，激励的目的是明确需要做什么和应该怎么做；第二，公开，特别是在处理奖金分配等员工比较关注的问题时，要公开透明；第三，直观，实施物质奖励和精神奖励时都需要直观地表明它们的指标，以及奖励和惩罚的方式,直观性与激励影响的心理效应成正比。

5. 时效性原则

要把握激励的时效性，激励越及时，越有利于将人们的激情推向高潮，使人们的创造力持续有效地发挥出来。

6. 按需激励原则

激励的起点是满足员工的需求，但员工的需求因人而异、因时而异，并且只有满足迫切需求的激励措施，其效价才高，其激励强度才大。因此，领导者只有深入进行调查研究，不断了解员工需求层次和需求结构的变化趋势，有针对性地采取激励措施，才能收到实效。

第二节　有效激励

一、激励理论

自二十世纪二三十年代以来，国外许多管理学家、心理学家和社会学家从不同的角度对激励人的问题进行了研究，并提出了相应的激励理论。激励理论分为三大类：内容型激励理论、过程型激励理论和行为改造型激励理论。

1. 内容型激励理论

内容型激励理论又称需要激励理论，它研究的是究竟何种需要激励着人们努力工作。内容型激励理论主要包括需要层次理论、双因素理论和成就激励理论。

（1）需要层次理论。该理论是美国著名心理学家和行为学家亚伯拉罕·马斯洛于 1943 年提出来的。该理论认为，人的需要可以分为 5 个层次，具体如图 9-2 所示。

```
        自我实现需要
         尊重需要
         社交需要
         安全需要
         生理需要
```

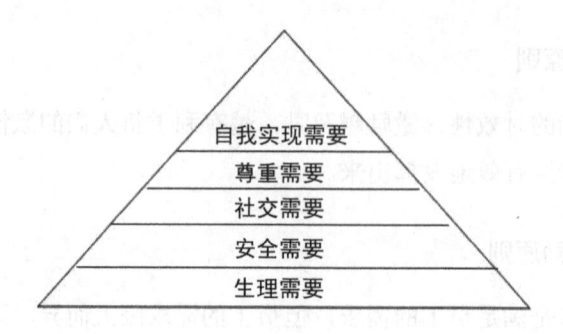

图 9-2　需要的层次

第一层：生理需要——生理上的需要是人们最原始、最基本的需要，如空气、水、衣服、住宅、医疗等。如果这些需要得不到满足，人们的生存就成了问题。这就是说，它是不可避免的底层需要，也是推动人们行为的强大动力。

第二层：安全需要——安全需要包括劳动安全、职业安全、生活稳定、希望免于灾难、希望未来有保障等。安全需要比生理需要高一级，当生理需要得到满足以后就要保障这种需要。

第三层：社交需要——社交需要也叫归属与爱的需要，是指个人渴望得到家庭、团体、朋友、同事的关怀、爱护、理解，是对友情、信任、温暖、爱情的需要。社交需要比生理需要和安全需要更细微、更难捉摸。它与个人的性格、经历、生活区域、民族、生活习惯、宗教信仰等都有关系，这种需要是难以察觉、无法度量的。

第四层：尊重需要——尊重需要可分为自尊、他尊和权力欲 3 类，包括自我尊重、自我评价及尊重别人。尊重需要很少能够得到完全的满足，但基本的满足就可产生一定的推动力。

第五层：自我实现需要——自我实现需要是最高等级的需要。满足这种需要就是要完成与自己能力相称的工作，充分地发挥自己的潜在能力，成为所期望的人物。自我实现意味着充分地、活跃地、忘我地、全神贯注地体验生活。

这 5 种需要的层次逐级递增，当下一层需要在相当程度上得到满足后，高一层的需要便成为人们追求的目标。依据该原理，若要激励一个人，就要知道他正在追求哪一层次需要的满足，设法为这一需要的满足提供条件。

马斯洛的需要层次理论指明了人的需要是从低级向高级发展的，这是符合人类需要发展的一般规律的。这对管理工作的意义在于，了解员工的需要是应用需要层次理论对员工进行激励的一个重要前提。不同组织中的员工、处于不同时期的员工及组织中不同的员工的需要充满了差异，而且经常发生变化。因此，管理者应该经常性地通过各种方式进行调查，了解员工未得到满足的需要是什么，然后有针对性地进行激励。

该理论的不足之处：它带有一定的机械主义色彩，把需要的层次看作固定的程序；只注意了一个人各种需要之间的纵向联系，忽视了一个人可能在同一时间内存在多种需要，而这些需要之间可能互相矛盾。

（2）双因素理论。该理论是美国心理学家弗里德里克·赫茨伯格于20世纪50年代末提出来的。他从大量的调查中发现，员工感到非常不满意的因素主要包括组织政策和行政管理、监督、工作条件、薪水、职业安定和个人生活所需等方面。这些因素的改善只能消除员工的不满，但不能使员工变得非常满意，也不能激发员工的工作积极性，提高其工作效率。赫茨伯格将此类因素称为"保健因素"。

他从大量的调查中还发现，员工感到非常满意的因素主要有成就、认可、工作自身、责任感、发展与成长等。这类因素的改善能够激励员工，提高其劳动生产率。但这类因素如果处理不好，也能引起员工的不满，不过影响不是很大。赫茨伯格将这类因素称为"激励因素"。

赫茨伯格认为，作为管理者，必须满足员工保健因素方面的需要，但即使满足了此方面的需要，也不能形成激励。因此，管理者还必须要充分利用激励因素方面的需要，为员工创造工作条件和机会，使其在工作中取得成就。

该理论的不足之处：测量员工满意度的尺度不够严谨。有时人们只是不满意工作中的某一方面，但对整个工作还是可以接受的。

（3）成就激励理论。该理论是由美国哈佛大学的心理学家戴维·麦克利兰提出的。他把人的高层次需求归纳为3种，即成就需求、权力需求和亲和需求。

成就需求，即争取成功、希望做得更好的需求。麦克利兰认为，具有强烈成就需求的人渴望将事情做得更完美，提高工作效率，获得更大的成功，他们追求的是在争取成功的过程中克服困难、解决难题、努力奋斗的乐趣，以及成功之后的个人成就感，他们并不看重成功所带来的物质奖励。个体的成就需求与他们所处的经济、文化、社会、政府的发展程度有关，另外社会风气也制约着人们的成就需求。

权力需求，即影响或控制他人且不受他人控制的需求。权力需求是指影响和控制别人的一种愿望或驱动力。不同的人对权力的渴望程度有所不同。权力需求较高的人对影响和控制别人表现出很大的兴趣，喜欢对别人"发号施令"，注重争取地位和影响力。他们常常表现出喜欢争辩、健谈、直率和头脑冷静；善于提出问题和要求；喜欢教训别人，并乐于演讲。他们喜欢具有竞争性和能体现较高地位的场合或情境，他们也追求出色的成绩，但他们这样做并不像具有强烈成就需求的人那样是为了个人的成就感，而是为了获得权力和地位，或与自己已具有的权力和地位相称。

亲和需求，即建立友好亲密的人际关系的需求。亲和需求就是寻求被他人喜爱和接纳的一种愿望。具有强烈亲和需求的人更倾向于与他人进行交往，至少是为他人着想，这种交往会给他带来愉悦。具有强烈亲和需求的人喜欢合作而不是竞争的工作环境，希望与其他人能够友好地沟通并相互理解，他们对环境中的人际关系很敏感。有时，亲和需求也表现为对失去某些亲密关系的恐惧和对人际冲突的回避。

2. 过程型激励理论

过程型激励理论是研究人们选择其行为的过程的理论，即研究人们的行为是怎样产生的，是怎样向着一定的方向发展的，如何能使这个行为保持下来，以及怎样结束行为的发展过程。它主要包括期望理论、波特—劳勒模式和公平理论。

（1）期望理论是由美国心理学家维克托·弗鲁姆提出的。该理论认为，当人们有需要，又有达到目标的可能时，其积极性才会高。激励水平取决于期望值和效价的乘积：

激励水平＝期望值×效价

期望值是指员工对自己的行为能否得到或达到所想得到的绩效或目标（奖酬）的主观概率，即员工主观上估计的达到目标的可能性。

效价是指员工对某一目标（奖酬）的重视程度与评价高低，即员工主观上认为的目标的价值大小。

如果一个人对达到某一目标漠不关心，那么效价是零；同样，期望值如果为零，那么一个人也就无任何动力去达到某一目标。因此，为了激励员工，管理者应当一方面提高员工对目标的重视程度，另一方面帮助员工实现其期望值。

（2）波特—劳勒模式是由美国行为科学家莱曼·波特和爱德华·劳勒提出来的，是在期望理论的基础上建立的一种比较完善的激励模式。其流程如图 9-3 所示。

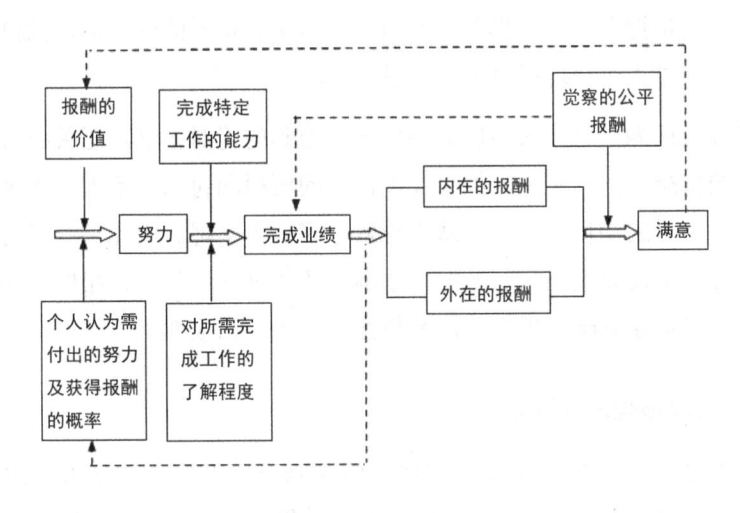

图 9-3　波特—劳勒模式

努力的程度取决于报酬的价值和个人认为需付出的努力及获得报酬的可能性，但要受实际工作成绩的影响。如果人们认为他们能做某项工作或者已经做过这样的工作，他们就能评价所需付出的努力，并能更准确地知道获得报酬的可能性。

一个人的实际工作成绩主要取决于其所付出的努力，并在很大程度上受其完成该项工作的能力和他对所需完成工作的了解程度的影响。这和个人对公平报酬的理解有关，同时工作成绩的大小又会影响到个人想取得的公平报酬。

从该激励模式可以看出，激励不是一种简单的因果关系。管理者应该仔细认真地评价它的报酬结构，并通过周密的规划、目标管理及明确规定的职位和责任，将努力—业绩—报酬—满意这一连锁关系，融入整个管理系统中去。

（3）公平理论，又称社会比较理论，是由美国行为科学家斯塔西·亚当斯提出的。该理论的基本观点是，当一个人做出了成绩并取得了报酬之后，他不仅关心自己所得报酬的绝对量，还关心自己所得报酬的相对量。因此，他要进行种种比较来确定自己所获得的报酬是否合理，比较的结果将直接影响到今后工作的积极性。比较包括两种方法：横向比较和纵向比较。

横向比较是把自己的工作和回报同同一时间内他人的工作和回报相比较。

纵向比较是把自己目前投入的努力与目前所获得报酬的比值，同自己过去投入的努力与过去所获得报酬的比值进行比较。

公平理论认为，每个人不仅关心自己所得到的绝对报酬，还关心自己的报酬和他人的报酬之间的关系。如果发现自己的所得和付出与他人的不平衡，就会产生追求公平的动机与行为，从而导致生产效率下降。因此，要调动员工的工作积极性，不仅要实行按劳分配的原则，还要进行同类型、相似性的工作报酬的比较，尽量使分配公平合理，避免挫伤员工的积极性。

3. 行为改造型激励理论

行为改造型激励理论是研究如何改造和修正人的行为，使人们由消极变为积极的一种理论。该理论认为，当行为的结果有利于个人时，行为会重复出现；反之，行为则会减弱甚至消失。行为改造型激励理论包括强化理论和归因理论。

（1）强化理论是由美国心理学家斯金纳提出的。该理论认为人的行为是对其所受刺激的函数。如果这种刺激对他有利，则这种行为就会重复出现；若对他不利，则这种行为就会减弱甚至消失。因此，管理者要采取各种强化方式，以使人们的行为符合组织目标。

（2）归因理论是由社会心理学家海德提出来的，随着归因问题研究的不断深入，归因理论逐渐被应用到管理领域中。归因理论侧重于研究个人用以解释其行为原因的认知过程。

归因理论认为，人们把成功和失败归于何种因素，对以后的工作积极性影响很大。若把成功归因于内部因素（个人的努力、能力），会使人感到满意和自豪；把成功归因于外部因素（任务容易或机遇），会使人产生惊奇和感激心理。若把失败归因于内部因素，会使人感到内疚和无助；归因于外部因素，会使人产生气愤和敌意。总之，利用归因理论可以方便管理者很好地了解员工的归因倾向，以便正确地指导和训练员工的归因倾向，调动和提高员工的积极性。

二、激励方法

在现代管理中，管理者越来越重视对员工的激励，但怎样才能实现有效的激励，是管理者需要认真应对的一个重要问题。

1. 目标激励法

目标是一面旗帜，可以在思想和信念上激励员工，因此管理者应该在激励机制的基础上设置科学合理的目标。一方面，目标的设置必须体现组织目标的要求，否则激励将偏离正确的方向；另一方面，组织还必须能满足员工的需要，否则就无法提高员工的积极性，达不到激励的效果，因此目标设置是一个关键环节。管理者应将组织目标和员工的个人目标结合起来，使二者有机地融为一体，而且目标应该科学合理，不能过高。此外，设置的目标还应该具有一定的挑战性，使员工可以通过自己的努力实现，这样才能达到满意的激励效果。

2. 参与激励法

所谓参与激励，就是管理者必须把员工摆在主人翁的位置上，让他们参与本部门、本组织重大问题的决策与管理，并对管理者的行为进行监督。实行参与激励法，实际上就是实行民主管理化的过程。其具体做法如下：组织的管理要公开透明，集思广益，使管理措施能够代表绝大部分员工的利益；对于员工提出的建议，无论采纳与否，管理者都应该认真对待；对于提出好建议的员工应该给予奖励，只有这样，才能收到激励的实效。通过参与激励，管理者与员工可以增进相互之间的了解，加深对对方的理解，创造出一种良好的相互支持、相互信任的组织氛围。

3. 情感激励法

所谓情感激励，就是管理者必须加强与员工之间的情感沟通，尊重员工、关心员工，把员工当作组织真正的主人。管理者要和员工建立平等的、亲切的情感联系，这样才能激发员工的积极性。现代管理者需要懂得人是世界上最富感情的群体，情感投资是管理者调动员工积极性的一种重要手段。管理者必须抓住一个"心"字，与员工交心，真正关心员工，实施情感激励。

4. 奖罚激励法

奖励是对人的某种行为给予肯定和表彰，使其保持和发扬这种行为。惩罚是对人的某种行为予以否定和批判，使其消除这种行为。奖励只有得当，才能收到良好的激励效果。在实施奖励激励的过程中，要善于把物质奖励与精神奖励结合起来；奖励要及时，否则会削弱奖励的激励作用；奖励的方式要考虑到员工的需要，做到因人而异。而惩罚只有合理，才能达到化消极因素为积极因素的目的。在实施惩罚激励的过程中，要将惩罚与帮教结合，掌握好惩罚的时机；对一般性错误，惩罚宜轻不宜重；对过失者进行惩罚时，应考虑错误的性质，有针对性地进行惩罚。

5. 公平激励法

所谓公平，就是人们对所创造的社会财富的合理分配。员工对公平是相当敏感的，他们感到公平时，会心情舒畅，努力工作；而感到不公平时，则会怨气冲天，大发牢骚，从而影响工作的积极性。公平激励是强化工作积极性的重要手段。所以，在工作过程中，管理者在员工分配、晋级及奖励等方面要做到公平合理。

第三节 沟通概述

一、沟通的含义

沟通也称为信息沟通,它广泛存在于组织的管理活动中。信息沟通就是信息的传递和理解,主要可以从以下几点来理解。

(1) 信息沟通首先是信息的传递,如果信息没有被传递到接收者那里,信息沟通就不会发生。在企业的经营管理中,因信息不能传递到位而导致沟通失败的情况是普遍存在的,如基层员工因对环境等条件不满而提出了一些意见或建议,这些意见或建议在向上级传递的过程中,经常被截留,导致一些问题久拖不能解决。

(2) 成功的信息沟通不仅需要信息被传递,还需要信息被理解。如果主管人员拿给下级一份专业性很强的文件请他提出看法,而这个下级恰恰不懂这些专业的知识,那么主管人员就很难从这个下级处得到好的建议。因此,成功的信息沟通应包括传递和理解两层含义。

(3) 信息沟通的主体是人,即信息沟通主要发生在人与人之间。通常,信息沟通主要有 3 种类型,即人与人、人与机、机与机之间的沟通。从管理学角度看,人与人之间的沟通是其中最有意义的。

(4) 在管理过程中,因为各种信息沟通相互关联、交错,所以管理者把各种信息沟通过程看作一个整体,即管理信息系统。在现代社会,以信息技术为基础,以管理信息系统为主体的信息沟通进入了一个更高、更新的阶段,这个阶段的沟通更有效、更及时、更全面。

二、沟通的过程

沟通的过程是指信息交流的全过程,即信息源(信息的发送者)将信息按一定的程序进行编码后,通过信息沟通的通道(渠道)传递给信息接收者,信息接收者将接收的信息进行解码处理,然后再反馈给发送者的过程。图 9-4 描述了信息沟通的全过程。

```
信息源 →信息→ 编码 →信息→ 通道 →信息→ 解码 →信息→ 接收者
   ↑                         反馈                          │
   └─────────────────────────────────────────────────────┘
```

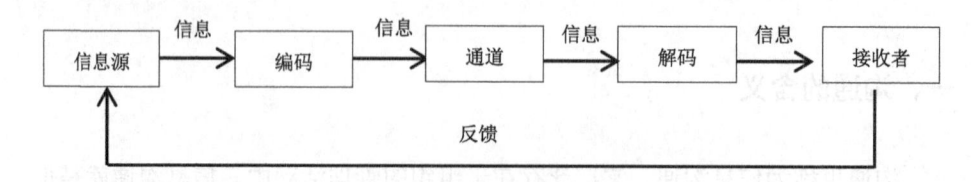

图 9-4　信息沟通的全过程

从上图中可以看出，沟通可以分为以下 6 个环节。

（1）信息源，即信息的发送者。

（2）编码，指信息发送者将信息转化为可以传递的某种信号形式，即传递中信息存在的形式。

（3）通道，即信息沟通的渠道或媒介物。

（4）解码，指接收者将接收到的信号翻译成可以理解的形式，即接收者对信息的理解和解释。

（5）接收者，即接收信息的人。

（6）反馈，若接收者对收到的信息有什么异议或不理解，可以返回给发送者，进行核实或修正。

从中可以看出，信息沟通至少包括 3 个基本因素：信息源、要传递的信息和信息接收者，而编码、通道和解码是沟通取得成效的关键环节。

三、沟通的类型

1．按沟通的功能分类

按沟通的功能，沟通可分为工具沟通和满足需要沟通。

（1）工具沟通。工具沟通主要是指传递信息，同时也将发送者自己的知识、经验、意见和要求等传递给接收者，以影响接收者的知觉、思想和态度体系，进而改变其行为。

(2) 满足需要的沟通。满足需要的沟通是为了表达情绪，消除紧张心理，征得对方的支持和谅解等，从而满足个体心理上的需要并改善人际关系。

2. 按沟通的组织系统分类

按沟通的组织系统，沟通可分为正式沟通和非正式沟通。

(1) 正式沟通。正式沟通是指通过组织明文规定的渠道进行信息的传递和交流，如组织与组织之间的公函来往等。在组织中，上级的命令、指示按系统逐级向下级传送，下级的情况逐级向上级报告，以及组织内部规定的会议、汇报、请示等都属于正式沟通。正式沟通的优点是，沟通效果较好、约束力较强、易于保密，重要的信息通常都采用这种沟通方式。缺点是这种沟通方式依靠组织系统层层传递，因而沟通速度比较慢，而且比较刻板。

(2) 非正式沟通。非正式沟通是指在正式沟通渠道之外进行的信息传递和交流，如员工私下交换意见等。非正式沟通的优点是沟通方便、内容广泛、方式灵活、沟通速度快，可用以传播一些不便正式沟通的信息。而且，员工在这种沟通中比较容易把真实的思想、情绪、动机表露出来，因而非正式沟通能提供一些在正式沟通中难以获得的信息，管理者要善于利用它。但是，一般说来，这种非正式沟通比较难控制，传递的信息往往不确切、易失真、易被曲解，并且非正式沟通容易传播流言蜚语来混淆视听，管理者应予以重视，注意克服其缺点。

3. 按沟通的方式分类

按沟通的方式，沟通可分为口头沟通、书面沟通、语言沟通和非语言沟通。

(1) 口头沟通。口头沟通是指运用口头表达的方式进行的信息传递和交流。这种沟通通常是指会议、会谈、对话、演说、报告、电话联系、市场访问及街头宣传等。口头沟通的优点：比较灵活，简便易行，速度快，有亲切感；双方可以自由交换意见，便于双向沟通；在交谈时可借助手势、体态、表情来表达想法，有利于对方更好地理解信息。它的缺点：受空间限制，人数众多的大群体无法直接对话；口头沟通后保留的信息较少。

（2）书面沟通。书面沟通是指用书面形式进行的信息传递和交流，如简报、文件、刊物、调查报告及书面通知等。书面沟通的优点：具有准确性、权威性，比较正式，不受时间、地点限制；信息可以长期保存；信息便于查看与反复核对，倘有疑问可据以查阅，可减少因一再传递、解释所造成的失真。它的缺点：不易随时修改；有时文字冗长不便于阅读；沟通内容转化为文字较为费时。

（3）语言沟通。语言沟通是指借助于语言符号系统进行的信息传递和交流，包括口头语言、文字语言和图表等。在面对面的直接交往中，通常所用的是口头语言。语言沟通是由"说"和"听"构成语言交流情境的，因而沟通双方心理上的交互作用表现得格外明显。

（4）非语言沟通。非语言沟通是指用语言以外的，即非语言符号系统进行的信息传递和交流，如视动符号系统（如手势、表情、动作、体态变化等），目光接触系统（如眼神、眼色等），辅助语言（如说话的语气、音调、音质、音量、快慢、节奏等），以及空间运用（如身体距离等）等。

4．按沟通的信息传播方向分类

按沟通的信息传播方向，沟通可分为上行沟通、下行沟通和平行沟通。

（1）上行沟通。上行沟通是指自下而上的沟通，即下级向上级汇报情况，反映问题。这种沟通既可以是书面沟通，也可以是口头沟通。为了做出正确的决策，管理者应该采取措施，如开座谈会、设立意见箱和接待日制度等鼓励下级尽可能多地进行上行沟通。

（2）下行沟通。下行沟通是指自上而下的沟通，即管理者以命令或文件的方式向下级发布指示、传达政策、安排和布置计划工作等。下行沟通是传统组织内一种主要的沟通方式。

（3）平行沟通。平行沟通主要是指同层次的不同业务部门之间及同级人员之间的沟通。它能协调组织横向之间的联系，是沟通体系中不可缺少的一环。

5．按沟通方向的可逆性分类

按沟通方向的可逆性，沟通可分为单向沟通和双向沟通。

（1）单向沟通。单向沟通是指信息的发送者和接收者的位置不变的沟通方式，如做报告、演讲、上课等，一方只发送信息，另一方只接收信息。这种沟通方式的优点是信息传递速度快，并易保持信息的权威性，但缺点是准确性较差，并且较难把握沟通的实际效果，有时还容易使接收者产生抗拒心理。当工作任务急需布置，工作性质简单，以及从事例行工作时，多采用此种沟通方式。

（2）双向沟通。双向沟通是指信息的发送者和接收者的位置不断变换的沟通方式，如讨论、协商、会谈、交谈等。信息发送者发出信息后，要及时听取反馈意见，直到双方对信息能够达成共识。双向沟通的优点：信息的传递有反馈，准确性较高；接收者有反馈意见的机会，这使他有参与感，易与他人保持良好的人际关系；有助于双方的意见沟通和建立双方的感情。但是，信息的发送者随时可能遭到接收者的质询、批评或挑剔，因而这对信息发送者的要求较高，进而使其产生较大的心理压力；同时，这种沟通方式比较费时，信息传递速度也比较慢。

第四节　有效沟通

一、沟通障碍

沟通障碍是指信息在传递和交流的过程中，受多方面因素的影响，往往被丢失或曲解，从而不能被有效传递，使沟通存在障碍。

1. 影响有效沟通的因素

（1）个人因素。人们对人、对事的态度、观点和信念的不同会影响沟通的有效性。知觉选择的偏差会使人们有选择性地接受信息。例如，人们在接受信息时，符合自己利益需要且与自己切身利益有关的内容就会很容易被接受，而对自己不利或可能损害自己利益的信息则不容易被接受。

个人的个性特征差异会影响沟通的有效性。在组织内部的信息沟通中，个人的性格、气质、态度、情绪、兴趣等差别，都可能引起沟通障碍。

语言表达、交流和理解也会影响沟通的有效性。同样的词汇对不同的人来说可能含义是不一样的。在同一个组织中，员工各有不同的背景，有着不同的说话方式和风格，对同样的事物有着不一样的理解，这些都可能造成沟通障碍。

（2）人际因素。人际因素主要是指沟通双方的相互信任程度和相似程度。

信息传递不是单方面的，它是双方的事情，因此沟通双方的诚意和相互信任程度至关重要。在组织沟通中，当面对来源不同的同一信息时，员工可能相信他们认为的比较值得信任的那个来源的信息。上下级之间的猜疑只会增强员工的抵触情绪，减少坦率交谈的机会，从而影响沟通的有效性。沟通的准确性与沟通双方间的相似性也有着直接的关系。沟通双方的特征，包括性别、年龄、智力、种族、社会地位、兴趣、价值观及能力等的相似性越大，双方间的沟通效果也就越好。

（3）结构因素。信息发送者在组织中的地位、信息传递链、团体规模等结构因素也都影响着沟通的有效性。许多研究表明，信息发送者地位的高低对信息沟通的方向和频率有很大的影响。例如，人们一般愿意与地位较高的人沟通。地位悬殊越大，信息越趋向于从地位高的人流向地位低的人。信息传递层次越多，信息到达目的地的时间就越长，信息失真率越大，越不利于沟通。另外，组织机构庞大，层次太多，也会影响信息沟通的及时性和真实性。

2. 有效沟通的障碍

有效沟通的障碍主要包括组织的沟通障碍和个人的沟通障碍两个方面。

（1）组织的沟通障碍。在管理中，合理的组织机构有利于沟通。但是，如果组织机构过于庞大，层次繁多，那么信息从最高决策者传递到基层员工的过程不仅容易使信息失真，还会浪费大量时间，影响信息的及时性。因此，如果组织机构臃肿，机构设置不合理，各部门之间职责不清、分工不明，形成多头领导，或因人设事，人浮于事，就会给沟通双方造成一定的心理压力，影响有效沟通的实现。

（2）个人的沟通障碍主要有以下几个方面。

① 个性因素所造成的障碍。信息沟通在很大程度上受个人个性因素的制约。个体的气质、态度、情绪等的差别，都可能会成为信息沟通的障碍。

② 知识水平、经验水平的差距所造成的障碍。在信息沟通中，如果双方的知识水平和经验水平差距过大，就会产生沟通障碍。此外，个体经验差异对信息沟通也有影响。在现实生活中，人们往往会凭经验办事。一个经验丰富的人往往会对信息沟通做通盘考虑，谨慎细心；而一个初出茅庐的人往往会不知所措，缺乏全面考虑。

③ 个体记忆不佳所造成的障碍。在组织中，信息沟通往往是依据组织系统分层次逐层传递的。然而，在按层次传递同一条信息时，信息传递往往会受到个体记忆能力的影响，从而降低信息沟通的效率。

④ 对信息的态度不同所造成的障碍。这又可从不同的角度来考虑。一是认识差异。在组织中，管理者和员工忽视信息作用的现象非常普遍，这就为正常的沟通造成了很大的障碍。二是利益观念。在组织中，不同的成员对信息有不同的看法，他们所选择的侧重点也不相同。很多员工只关心与他们的物质利益有关的信息，而不关系组织目标、管理决策等方面的信息，这也会造成沟通障碍。

⑤ 相互不信任所造成的障碍。有效的信息沟通要以相互信任为前提，这样才能使向上反映的情况得到重视，向下传达的决策迅速实施。在进行信息沟通时，管理者不能带有成见地听取意见，应该鼓励下级充分阐明自己的见解，这样才能做到思想上和感情上的真正沟通，才能接收到全面可靠的信息，从而做出明智的判断与决策。

⑥ 下级的畏惧感及沟通双方不良的心理品质造成的障碍。在组织中，信息沟通的成败主要取决于上级与下级、管理者与员工之间全面有效的合作。但在很多情况下，这些合作往往会因下级的畏惧感及沟通双方不良的心理品质而造成沟通障碍。一方面，如果管理者过分威严，给人留下难以接近的印象，或者管理者缺乏必要的同情心，不愿体恤下级，都容易使下级产生畏惧感，从而影响信息沟通的正常进行。另一方面，沟通双方不良的心理品质也会造成沟通障碍。

3. 沟通障碍的消除

要实现有效沟通，必须消除沟通障碍。在实际工作中，可以通过以下几个方面来努力。

（1）提高心理水平。要消除沟通障碍，必须注意心理因素的作用。

在沟通过程中要认真感知，集中注意力，以便信息准确而又及时地被传递和接收，避免出现信息错传和信息丢失的情况。

增强记忆的准确性是消除沟通障碍的有效措施，记忆准确性较高的人，传递信息可靠，接收信息也准确。

提高思维能力和水平是消除沟通障碍的重要心理因素，较高的思维能力和水平对于正确地传递、接收和理解信息具有重要意义。

培养镇定的情绪，创造一个相互信任、有利于沟通的小环境，有助于人们真实地传递信息和正确地判断信息，避免因偏激而歪曲信息。

（2）正确地使用语言文字。语言文字运用得是否恰当直接影响沟通的效果。使用语言文字时要简洁、明确，叙事说理要言之有据、条理清楚、富有逻辑性；措辞得当，通俗易懂，不要滥用辞藻，不要讲空话、套话；在进行非专业性沟通时，尽量少用专业性术语；可以借助手势语言和表情动作，以增强沟通的生动性和形象性，使对方容易理解。

（3）学会有效倾听。有效的倾听能增加信息交流双方的信任感，它是消除沟通障碍的重要条件。要提高倾听的技能，可以从以下几个方面去努力：使目光接触；展现赞许性的点头和恰当的面部表情；避免分心的举动或手势；要提出意见，以显示自己的充分聆听；用自己的话重述对方所说的内容；要有耐心，不要随意插话；不要妄加批评和争论。

（4）缩短信息传递链，拓宽沟通渠道，保证信息的双向沟通。信息传递链过长，会降低信息的流通速度并造成信息失真。因此，一方面，要减少组织机构重叠，缩短信息传递链，拓宽沟通渠道。另一方面，管理者应激发员工自下而上进行沟通。管理者应允许员工提出问题，并进行解答；公司内部刊物设立有问必答栏目，鼓励员工提出疑问。此外，在利用正式沟通渠道的同时，可以开辟非正式沟通渠道，让管理者走出办公室，亲自和员工们交流信息。坦诚、开放、面对面的沟通会使员工认为管理者理解自己的需要和关注，从而取得事半功倍的效果。

二、有效沟通的技巧与方法

1. 沟通的技巧

（1）清晰、简洁地发送信息。信息包括 3 个方面的内容：信息、思想和情感。因此，在发送信息的时候，要注意这几个问题：选择有效的信息发送方式；确定发送信息的时间；确定发送信息的地点；确定信息内容；确定接收信息的人。

（2）认真倾听。沟通应该把倾听别人和了解别人作为第一目标。如果你能做到认真倾听，对方便会向你敞开心扉。掌握别人内心世界的第一步就是认真倾听。在陈述自己的主张说服对方之前，先让对方畅所欲言并认真倾听，这是解决问题的捷径。

倾听的 10 个技巧：倾听是一个主动的过程；鼓励对方先开口；保持视线接触；全神贯注并表示赞同；不要打断对方说话；鼓励对方多说；让对方知道你在听；使用并观察肢体语言，注意非语言性的暗示；接受并提出回应；暗中回顾，整理出重点，并提出自己的结论。

（3）积极反馈。信息的发送者通过"表达"发出信息，信息的接收者通过"倾听"接收信息，这并不是完整的、有效的沟通。对于完整的、有效的沟通来说，仅有这两个环节是不够的，还必须有反馈，即信息的接收者在接收信息的过程中或过程后，应及时地回应对方，以便澄清"表达"和"倾听"过程中可能存在的误解和失真。

反馈的类别。反馈有两种：一种是正面的反馈，另一种是建设性的反馈。正面的反馈就是对对方做得好的地方予以表扬，希望好的行为再次出现；建设性的反馈就是对对方做得不足的地方，提出改进意见和建议。

2. 沟通的方法

（1）投其所好。通过用对方习惯的方式去配合，投其所好，制造和谐气氛，尽可能与沟通对象保持一致。

（2）换位思考。在沟通时，一定要注意从对方的利益及感受出发，这样才能吸引对方的注意力。

（3）虚心请教。好为人师是人的共性。一般情况下，没有人会拒绝你向他请教问题。当你向他请教时，他会感受到一种尊敬，可以激发其自尊和满足感，唤醒其热情，从而更有利于沟通。

（4）认真倾听。认真倾听，有助于对方向你敞开心扉，从而有利于沟通。

（5）肯定与鼓励。对出现的精辟见解、有意义的问题和有价值的信息，要予以肯定和鼓励。

实例分析

案例一：妙计调动员工积极性

多尼里玻璃公司是一家位于密歇根州霍兰的公司，该公司曾一度发生财政危机，并陷入困境。其中，一位重要的客户表示，如果多尼里公司不降低产品价格，那么他将会另找新的汽车玻璃供应商。

一位生产线上的操作工清楚，只要将他们由5人减至4人就可以节约公司的资金，但他不愿意说出这个建议，因为他可能因自己的建议而被解雇。当公司向员工征询建议时，他说，如果公司担保不解雇任何一个人，他就提出自己的建议。公司同意了，而且对其他提出建议的员工做了同样的担保。之后，公司采纳了一些员工的建议，度过了财政危机。

为什么员工乐意提出建议呢？原因在于，公司采取了措施使员工的努力得到了管理部门的认可，得到了同事和集体的认可。并且因为为公司做出了贡献，所以员工的自我实现感得到了满足。困境增进了团结，大家都是公司的一员，当管理部门征求建议时，每个人都有提出建议的机会。而且一旦自己的建议被采纳，就会有一种成就感、兴奋感和新奇感，自尊心也会大大得到满足。

公司采取的措施是，只要员工为削减消费提出建议，都可得到提升一级工资的奖励。

这既增加了公司的收入，又满足了员工的基本需求和愿望。

【点评】

这是巧妙运用激励方法调动员工积极性的成功案例。激发员工为公司做贡献的重要方法是满足员工的基本需求和愿望。管理者制定激励措施时应站在帮助员工满足基本需求和愿望的位置上，这样才会赢得员工对他的信任和尊敬，才会使企业内部形成一种和谐的、充满生气的团队氛围。

案例二：给"糖"哲学

某公司自从多年前成立，经营业绩就一直蒸蒸日上，只是某年盈余竟大幅滑落。这不能怪员工，因为大家为公司拼命的程度，丝毫不比往年差，甚至可以说，由于大家意识到经济的不景气，干得比以前更卖力了。

这也加重了董事长心头的负担，因为马上要过年了，按照惯例，年终奖金最少发两个月，多的时候甚至再加倍，今年却最多只能发一个月的奖金。"让已习惯了多年来年终奖金发放习惯的员工知道了，士气真不知要怎么滑落！"

董事长忧心地对总经理说："许多员工都以为最少发两个月的年终奖金，恐怕飞机票、新家具都定好了，只等拿到年终奖金就出去度假或付账单呢！"

总经理也愁眉苦脸："好像给孩子糖吃，每次都抓一大把，现在突然改成两颗糖，孩子一定会吵。""对了"，董事长灵机一动，"你倒使我想起小时候到店里买糖，总喜欢找同一个店员，因为别的店员都先抓一大把，拿着秤，再一颗一颗往回扣，那个比较可爱的店员，则每次都抓不足分量，然后一颗一颗往上加。说实话，最后拿到的糖没有什么差异，但我就是喜欢后者"。

没过两天，公司突然流传着一则小道消息——"由于营业不佳，年底要裁员"。顿时人心惶惶，每个人都在猜会不会是自己。基层员工想："一定由下面开始裁员起。"上面的主管则想："我的薪水最高，只怕从我开刀。"

但是，紧接着总经理就做了宣布："公司虽然艰苦，但大家在同一条船上，再怎么危险，也不愿牺牲共患难的同事，只是年终奖金，绝不可能发了。"

听说不裁员，人人都放下心头上的一块大石头，那不会丢工作的窃喜，早压过了没有年终奖金的失落。眼看除夕将至，人人都做好了过个穷年的打算，彼此约好拜年不送礼，以共度时艰。突然，董事长召集各单位主管开紧急会议。看主管们匆匆上楼，员工们面面相觑，心里都有点儿七上八下："难道又变卦了？"

没有几分钟，主管们纷纷冲进自己的部门，兴奋地高喊着："有了！有了！整整一个月的年终奖金马上发下来让大家过个好年。"

顿时，整个公司大楼爆发出一片欢呼声，连坐在顶楼的董事长都感觉到了地板的震动。

【点评】

这是管理者运用期望理论来满足员工心理需求的案例。发放年终奖金似乎已成了企业运作的一部分，无论企业采用何种方式来安排职工的年终奖金，有一条原则是共通的，那就是年终奖金的发放既要维护企业自身的利益，也要顾及员工的期望值。只有兼顾二者，年终奖金才能发得"太平"，才能起到奖励和鼓励的作用，同时也为企业第二年的运作打下坚实的基础。

案例三：一流人才一流对待

一个公司里一般难得有几个"超级明星"。但是，管理这些精英却极有学问，彼特说起这些事，总是说："驾驭精英，需要技巧，而非一般的任用就能摆平，这是一场持久的心理攻坚战。"

彼特谈到了他是如何任用精英的。

"作为一名经理，我时常在精英们正当的晋升需求与这些提升在公司其他人才中造成的震动这两者之间做出权衡，有时候提拔这些'超级明星'反而埋没了他们的才能。举一个普通的例子：你将公司最好的推销员提升为销售经理以后，发现销售额直线下降。原因是这个销售员现在更多的时候是坐在办公室里，而不是在推销第一线。"

"解决这个问题的关键在于,不要把受重用狭隘地理解为在公司机构的台阶上往前迈一步,以至于这些能干的员工为了在台阶上攀登得更快,不得不卸掉原来的一部分责任。更好的做法也许是,让他们担负更多的责任。"

"例如,在我的公司里,当需要让某个员工承担新的责任时,我并不卸去其原来的工作。当他们需要别人的帮助和支持时,他们自然知道去招聘什么样的人才,或在公司原有的职工中谁可以帮忙。"

"一位经理长期积累起来的某方面的经验与专长,在其新的职位上不应该成为其累赘。相反,我认为这些经验和专长是他们的本钱。如果一位经理真的如他自己所认为的那样能干,那么在拥有一个不断扩大的事业基础与成为一颗上升的新星这种选择之中,他应该选择前者。"

【点评】

这是管理者运用成就需要理论来激励精英的案例。一个公司必须有精英,精英可以是管理者,也可以是员工。一个有精英的公司才能在激烈的市场竞争中获胜。

管理者应该知道精英对公司的作用及贡献。因此,如何才能让精英起作用、留住精英,已成为管理者的共同难题。

课外习题

案例分析题

1. 2002 年,贵州的小张和两个伙伴共同创立了一个公司,专门从事电杆的生产。随着有利于西部发展的各项政策的出台,他们的公司得到了快速发展,已经成长为拥有员工 40 多名,人年均利润超过 10 万元的企业,公司的业务范围也得到了扩展。前不久,公司招聘了几名大学生充实公司力量,并把他们安排到公司的各个岗位,以促进公司下一步的发展。小张非常重视公司的可持续发展问题,为充实自我,他经常参加各类管理培训课程。最近,通过学习有关的激励理论,小张受到很大启发,并准备付诸实践。他为此责令人力资源管理部门制订一系列的培训计划及工作计划,希望通过赋予员工更多的工作和责任,并通过给予员工成长机会及赞扬和赏识来激励员工。然而,当小张宣布该公司的各项工作安排后,员工非但没有提高积极性,反而对他的做法表达出强烈不满,包括几名大学生在内的部分员工甚至提出来要公司马上给他们购买养老保险和医疗保险,并提高工资水平。

(资料来源:华中科技大学网,有删改)

(1)请根据有关激励等理论,分析小张的激励措施为什么遭到了包括几名大学生在内的员工的抵制?

(2)管理者应该如何激励他的员工呢?请你帮助小张并为他提出建议。

2. AC航班正飞行在离目的地K市不远处的高空。由于机场出现了严重的交通问题,他们必须在机场上空盘旋待命。AC航班的飞行员向机场报告他们飞机的"燃料快用完了",但飞机并没有被批准降落。而在此之后,AC航班机组成员没有再向K机场传递任何情况危急的信息,只是飞机座舱中的机组成员在相互紧张地传递他们的燃料供给出现危机的信息。

耗尽燃料的飞机终于在9:34坠毁于K市,机上73名人员全部遇难。

事故调查人员发现导致这场悲剧发生的原因实际上并不复杂:机场方面不知道AC航班的燃料会这么快耗尽。

首先,飞行员一直说他们"燃料不足",交通管理员告诉调查人员,这是飞行员们经常使用的一句话。管理员认为,当因故出现降落延误时,每架飞机都不同程度地存在着燃料供给问题。但是,如果飞行员发出"情况危急"的呼声,管理员有义务优先为其导航,并尽可能迅速地引导其着陆。而事实上,AC航班的飞行员从未说过"情况危急",导致K机场的交通管理员未能理解飞机所面临的真正危机。

其次,AC航班飞行员的语调也并未向交通管理员传递有关燃料紧急的重要信息。机场的交通管理员受过专门训练,可以在多数情况下捕捉到飞行员声音中极细微的语调变化。尽管AC航班机组人员也对燃料问题非常忧虑,但他们向K机场传达信息时的语调却是冷静而职业化的。

最后，AC 航班的飞行员不愿意声明"情况危急"也是存在一些客观原因的。按照条例，飞行员如果在飞行中发出了紧急呼救，那么他们事后需要补写长篇的、正式的书面汇报交给有关部门。提交紧急情况报告后，如果飞行员被发现在估算飞机飞行中需要的油量方面存在严重的疏漏，那么飞行管理局就有权力吊销其驾驶执照。这些消极的强化因素，在一定程度上阻碍着飞行员发出紧急呼救。在这种情况下，飞行员的专业技能和荣誉感便会成为一种"赌注"。

（1）AC 航班坠毁的根本原因是什么？

（2）应采取怎样的措施避免此类事故再次发生？

参考文献

[1] 曼昆. 经济学原理[M]. 7版. 梁小民, 梁砾, 译. 北京: 北京大学出版社, 2015.

[2] 高鸿业. 经济学原理[M]. 3版. 北京: 中国人民大学出版社, 2019.

[3] 保罗·萨缪尔森, 威廉·诺德豪斯. 经济学[M]. 18版. 萧琛, 译. 北京: 人民邮电出版社, 2008.

[4] 斯蒂芬·罗宾斯, 玛丽·库尔特. 管理学[M]. 13版. 北京: 中国人民大学出版社, 2017.

[5] 葆拉·卡普罗尼. 管理学与生活[M]. 3版. 北京: 中国人民大学出版社, 2017.

反侵权盗版声明

电子工业出版社依法对本作品享有专有出版权。任何未经权利人书面许可，复制、销售或通过信息网络传播本作品的行为；歪曲、篡改、剽窃本作品的行为，均违反《中华人民共和国著作权法》，其行为人应承担相应的民事责任和行政责任，构成犯罪的，将被依法追究刑事责任。

为了维护市场秩序，保护权利人的合法权益，我社将依法查处和打击侵权盗版的单位和个人。欢迎社会各界人士积极举报侵权盗版行为，本社将奖励举报有功人员，并保证举报人的信息不被泄露。

举报电话：（010）88254396；（010）88258888
传　　真：（010）88254397
E-mail：dbqq@phei.com.cn
通信地址：北京市万寿路173信箱
　　　　　电子工业出版社总编办公室
邮　　编：100036